한 권으로 끝내는
그림책 보건 수업

한 권으로 끝내는 그림책 보건 수업
교육 과정에 맞춘 열두 달 보건 교육 길잡이

1판 1쇄 발행	2025년 3월 28일
1판 3쇄 발행	2025년 11월 25일
기획	김나영
지은이	김향임, 문혜경, 박선미, 유동아, 윤지우, 임혜영
펴낸이	한기호
책임편집	박예슬
편집	서정원, 송원빈, 이선진
본부장	여문주
마케팅	윤병일, 신세빈
경영지원	김윤아
디자인	블랙페퍼디자인
인쇄	예림인쇄
펴낸곳	(주)학교도서관저널
	출판등록 제2009-000231호(2009년 10월 15일)
	주소 04029 서울시 마포구 동교로 12안길 14(서교동) 삼성빌딩 A동 3층
	전화 02-322-9677
	팩스 02-6918-0818
	전자우편 slj9677@gmail.com
	홈페이지 www.slj.co.kr

ISBN 978-89-6915-138-4 03370

ⓒ 김향임, 문혜경, 박선미, 유동아, 윤지우, 임혜영 2025

- 이 책은 저작권법에 따라 보호를 받는 저작물이므로 무단 전재와 무단 복제를 금합니다.
- 책값은 뒤표지에 있습니다.

교육 과정에 맞춘
열두 달 보건 교육
길잡이

한 권으로 끝내는
그림책 보건 수업

김향임 문혜경 박선미
유동아 윤지우 임혜영
지음

들어가며

　자신에게 중요하다고 생각되는 것 하나를 선택하라고 질문하면 대부분 '건강'을 꼽을 것입니다. 어떤 부귀영화를 누리더라도 몸과 마음이 건강하지 않다면 행복한 삶을 살 수 없으니까요. 우리 학생들이 이렇게 중요한 건강을 지키며 성장하도록 학교에서는 보건 교육을 하고 있습니다. 보건 교육에는 건강한 생활, 질병 예방 교육, 약물 오남용 예방 교육, 성교육, 양성평등 교육, 건강한 환경 및 미디어 안전 교육 등 다양한 내용이 포함됩니다. 제목만 보아도 단순 암기용 지식이 아니라 우리 일상에 꼭 필요한 정보라는 걸 알 수 있습니다. 이제 자라나는 학생들에게는 일상에서도 처음 접하는 것들이 많아 이를 위한 보건 교육이 필요하다는 걸 느낄 때가 많습니다. 학생들을 보건실에서 만날 때나, 보건 수업 이후 학생들의 변화하는 모습을 보며 실제적인 교육의 필요성과 효과를 느낍니다. 그래서 사소한 정보라도 학생들이 당연히 알고 있으리라 생각하지 말고, 학생의 눈높이에 맞춘 보건 수업이 필요하다는 것을 깨달았습니다. 보건 교육을 통해 학생들이 어릴 때부터 올바른 습관을 기르고, 건강한 어른으로 자라도록 돕고 싶습니다.

　이러한 고민 끝에 그림책 보건 교육을 생각하게 되었습니다. 말로는 모두 설명할 수 없는 감정을 그림책 속 그림을 통해 느끼고, 등장인물에 이입하여 공감하고 표현하는 법을 배웁니다. 사춘기 아이들에게 말해 주기 부끄러워 감추고 싶은 성 이야기도 따뜻한 그림을 통해 풀어낸다면, 학생들도 마음을 열고 선입견 없이 성을 바라보게 됩니다. 보건 교육은 나의 앎을 실제 삶에 적용할 때 그 의미가 더욱 깊어집니다. 교과서로만 배우는 지식은 왠지 모르게 거리감이 느껴지기 마련입니다. 하지만 그림책을 활용한다면 보건 수업에서 다루는 어려운 주제에 대해서도 다양한 질문을 던지며 학생들이 스스로 해결 방법을 찾도록 도울 수 있습니다. 때로는 특별한 활동 없이 그림책 한 권을 읽어주는 것만으로도 학생들에게 큰 깨달음을 줄 수 있습니다.

효과적인 보건 교육을 위해 선생님들은 수업 연구에 매진합니다. 주제에 따라 다양한 수업 방법이 있지만, 이 책에서는 그림책을 활용한 보건 수업 이야기를 담았습니다. 각 한 권의 그림책으로 한 해의 17차시 보건 수업을 진행할 수 있도록 구성하였으며, 보건 수업에서 다루는 거의 모든 주제를 포함했습니다. 이 책을 수업에 바로 적용하고자 하는 선생님들도 어려움 없이 수업할 수 있도록 그림책과 연계할 만한 활동도 함께 소개하였습니다. 또한, 학습 목표를 제시하여 선생님들이 가르칠 내용을 명확히 했습니다. 열정적인 보건 선생님과 수업 경험이 풍부한 초등 선생님 여섯 명이 만나 함께 논의한 결과가, 보건 수업을 앞두고 막막한 선생님들께는 선물이, 유의미한 수업을 고민하는 선생님들께는 수업 연구에 도움이 되면 좋겠다는 마음을 이 책에 담았습니다.

새 학년, 새 학기를 앞두고
저자 일동

차 례

들어가며　5

1장 건강한 생활

눈 건강 | 눈은 소중해요!　13

손 씻기 | 굿바이! 세균　18

소화 | 나, 소화 다 됐어요!　23

수면 | 건강을 지키는 수면 습관　29

감정 조절 | 있는 그대로 마음 마주보기　35

의사소통 | 말하지 않으면 몰라요　41

자아존중감 | 나는 나예요!　47

2장 질병 예방 교육

치아 건강 | 소중한 치아, 내가 지켜요!　55

건강한 체중 관리 | 건강한 체중을 유지해요!　62

체형 불균형 예방 | 삐뚜로 앉으면 어떻게 될까요?　67

감염병 예방 | 감기에 걸리지 않으려면?　73

알레르기 | 나도 알레르기인가요?　78

응급 처치 | 응급 처치, 나도 할 수 있어!　83

기도 폐쇄 | 호랭아, 이렇게 하면 위험해!　89

3장

약물 오남용 예방 교육

- 담배의 유해성 | 담배 괴물 무찌르기 97
- 담배 광고 | 숨겨진 진실을 보아요 103
- 음주 예방 | 술은 위험해 110
- 올바른 의약품 사용 | 약 올바르게 사용해요! 116
- 폐의약품 관리 | 폐의약품, 어떻게 버리고 있나요? 122
- 카페인 중독 예방 | 함부로 먹으면 안 돼요! 128
- 마약류 예방 | 난 흔들리지 않지! 135

4장

성교육

- 생명 탄생 | 소중한 생명의 탄생 143
- 사춘기 신체적 변화 | 내 몸을 알아봐요 149
- 사춘기 정서적 변화 | 너의 빛나는 사춘기를 응원해 155
- 경계 존중 | 내 의자를 지켜 줘 161
- 이성 교제 | 사랑의 화분을 싱그럽게 가꾸자! 167
- 월경 | 계절이 들려주는 월경 이야기 172
- 성폭력 예방 | 소중한 나를 지켜요! 179
- 디지털 성폭력 예방 | 달콤한 친절을 조심해요 185

5장
양성평등 교육

시대 속 양성평등의 변화 |
미래 사회는 어떤 모습이 되어야 할까요?   193

색 고정 관념 | 나만의 색을 찾아요   200

성 역할 고정 관념 |
남자는 치마를 입으면 안 되나요?   205

직업 고정 관념 | 내 마음속 고정 관념을 지워요!   211

성 인지 감수성 | 특별한 노부부   217

6장
건강한 환경 및 미디어 안전

질병과 병원 | 병원, 현명하게 이용해요!   225

불량 식품 | 건강하고 안전한 식품을 선택해요!   231

가짜 뉴스 | 진실 혹은 거짓   237

스마트폰 중독 예방 |
우리 삶에서 가장 중요한 것은?   243

게임 중독 예방 | 게임 중독이 되지 않으려면?   249

닫는 글   255

1장

건강한 생활

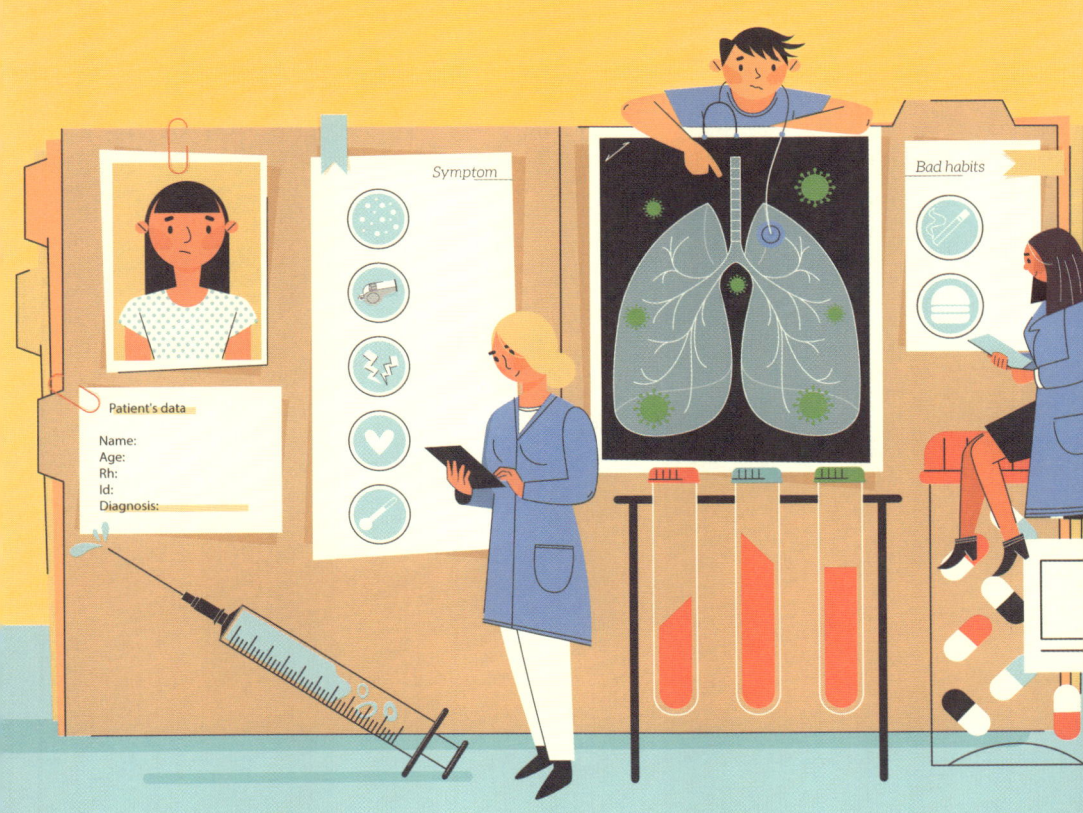

'건강한 생활'에서는 수면, 소화, 손 씻기, 감정 조절, 자아존중감, 의사소통, 눈 건강 지키기의 7가지 이야기가 담겨 있습니다. 이를 통해 학생들이 막연하게 느꼈던 '건강'이라는 것이 무엇인지 알고, 자기의 몸과 마음을 어떻게 돌보아야 할지 알아갔으면 합니다.

눈 건강
눈은 소중해요!

"몸이 천 냥이면 눈이 구백 냥이다."라는 말이 있습니다. 이렇듯 우리는 아침에 일어나 씻고, 밥을 먹고, 옷을 갈아입는 등 매 순간마다 눈을 사용합니다. 그러나 현대인들은 눈 건강 지키기를 소홀히 하는 경우가 많습니다. 예를 들어 눈과 관련된 영양제를 복용하지 않거나, 눈 스트레칭을 간과하기도 합니다. 최근에는 어린 학생들도 스마트폰을 사용하는 일이 많아졌는데, 이때 화면에서 나오는 블루 라이트로 인한 시력 저하 문제가 심각하게 대두되고 있습니다. 어두운 곳에서 장시간 동안 스마트폰을 사용하거나, 습관적으로 눈을 비비는 등의 행동도 눈 건강을 해칩니다. 일부 학생들은 시력 교정이나 장기적인 병원 관찰이 필요하지만, 대부분은 당장 큰 불편을 느끼지 못하거나, 안경이 안 어울린다는 이유로 시력 교정을 꺼리기도 합니다. 따라서 학생들에게 눈과 관련된 질병과 올바른 예방법을 알려 주는 것이 중요합니다. 이를 통해 학생들은 눈의 소중함을 알고, 건강한 눈 관리 방법을 실천할 수 있게 될 것입니다.

추천 대상	초등학교 5~6학년
수업 주제	건강한 생활 - 눈 건강
학습 목표	눈의 소중함을 알고, 눈을 건강하게 관리하는 방법을 실천할 수 있다
활동	1) 친구야 알려 줘! 2) 내 눈에 질병이 있다면? 3) 깜빡깜빡 건강한 눈 만들기

 함께 읽은 책

『깜빡깜빡 뭐가 보여?』

박주연 글, 손지희 그림, 길벗어린이, 2017

『깜빡깜빡 뭐가 보여?』는 눈이 필요한 다양한 상황을 제시하며 '눈'이라는 그림책의 주제를 맞히는 퀴즈로 이야기가 시작됩니다. 이 책은 각 시각 기관의 기능을 소개하면서 눈으로 빛이 들어와 물체가 보이는 원리를 설명합니다. 여기서 학생들은 눈의 각 기관이 제 기능을 하지 못한다면 우리의 삶에서 얼마나 많은 불편함이 발생할 수 있는지도 생각해 볼 수 있습니다. 또한, 중간중간 간단한 착시 현상 테스트를 넣어 학생들의 호기심과 흥미를 유도합니다. 이 과정을 통해 눈 건강에 대한 인식이 높아지고, 실생활에서 눈을 보호하기 위한 다양한 방법을 적용하는 데 도움이 될 것입니다.

활동 1. 친구야 알려 줘!

그림책을 읽기 전, 눈의 구조를 이해하는 데 도움을 주는 활동입니다. 이 활동을 통해 학생들이 눈의 구조를 보다 흥미롭게 배울 수 있습니다.

① 먼저 눈의 구조 명칭이 적힌 활동지를 나누어 줍니다. 단, 각 활동지에는 눈의 구조 명칭 중 한 글자만 적혀 있으며, 모든 학생이 서로 다른 글자를 받도록 합니다. 학생들은 교실을 돌아다니며 마주치는 친구들과 '침묵의 가위바위보'를 진행합니다.
② 게임에서 진 학생은 승자에게 자신의 활동지에 적힌 글자 하나를 알려 줘야 합니다. 그러나 이때, 진 학생은 새로 알게 된 글자가 아니라 자신의 활동지에 처음부터 적혀 있던 글자만 전달해야 합니다.
③ 모든 학생이 자신의 활동지에 글자를 채우고 나면, 그림책을 읽으면서 자신이 적은 명칭이 맞는지 확인합니다. 교사는 그림책을 읽은 후, 학생들과 다시 한번 활동지를 대조하며 눈의 구조와 각 기관의 기능을 설명합니다.

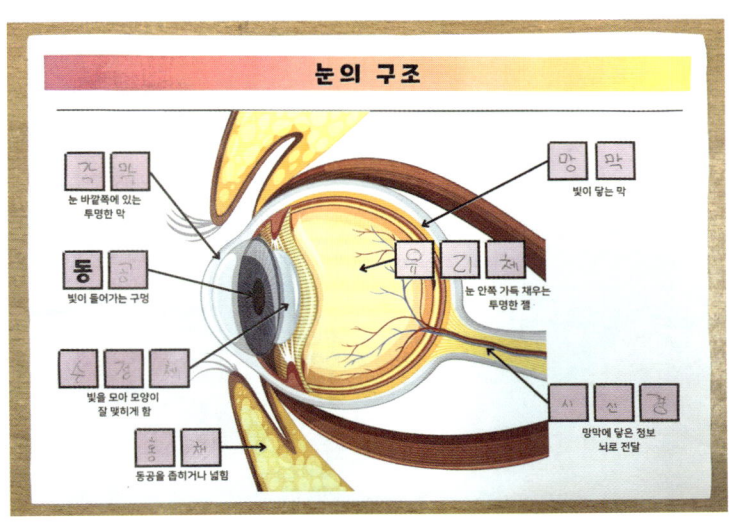

활동 2. 내 눈에 질병이 있다면?

눈의 여러 기관에 문제가 발생하면 생길 수 있는 질병을 알아봅니다. 그리고 이때 일상생활에서 겪게 되는 불편함이 무엇인지 찾아보며 눈의 소중함에 대해 알 수 있는 활동입니다.

① 교사는 색약, 고도 근시, 결막염, 원시 등 다양한 눈 관련 질병에 대해 설명합니다. 그다음 큰 포스트잇 전지를 칠판에 부착하고, 모둠별로 다른 색의 포스트잇을 제공합니다.

② 학생들은 주인공의 일과에서 특정 질병이 생겼을 때 겪을 만한 불편한 상황을 찾고, 그 질병명을 포스트잇에 적어 붙입니다. 예를 들어, "횡단보도를 건널 때 빨간색과 초록색을 구별하기가 어렵다."라는 상황에는 '색약'을 붙일 수 있습니다. 또는 "오늘 교실 자리를 바꾸는 날이라 제일 뒷자리에 앉게 되었는데, 안경을 두고 왔다."라는 상황에는 '난시'나 '근시'를 붙일 수 있습니다.

③ 모든 모둠이 포스트잇을 붙이면, 한 모둠씩 나와 자신들이 선택한 질병과 그 이유를 설명하는 시간을 갖습니다. 교사는 학생들의 설명을 듣고, 필요할 경우 추가로 보충 설명을 제공하여 이해를 돕습니다.

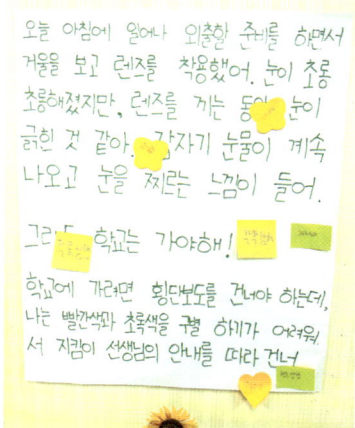
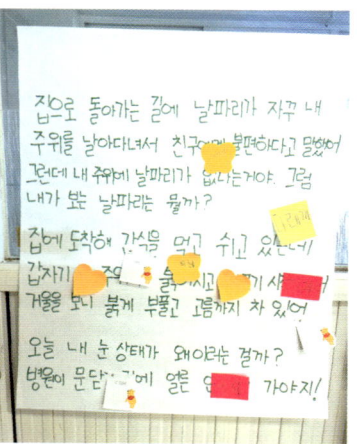

활동 3. 깜빡깜빡 건강한 눈 만들기

건강한 눈을 만드는 생활 수칙을 활동지에 기록하는 활동입니다. 이 활동을 통해 학생들은 시력 관리 방법을 재미있게 복습하며, 실제 생활에서 적용할 수 있는 관리법을 자연스럽게 배우게 됩니다.

① 교사는 양쪽 눈이 그려진 활동지를 학생들에게 제공합니다. 활동지의 왼쪽 눈 그림에는 학생들이 그림책을 통해 배운 건강한 눈 만드는 방법을 자유롭게 적습니다.
② 학생들은 손을 들고 자신이 적은 시력 관리 방법을 자유롭게 발표합니다. 교사는 학생들이 발표한 내용을 요약하여 칠판에 기록합니다. 발표자 외 다른 학생들은 친구의 발표를 주의 깊게 들으며, 자신이 적은 관리 방법 외에 새로운 방법이 있으면 활동지의 오른쪽 눈 그림에 추가로 적습니다.
③ 교사는 칠판에 적은 다양한 시력 관리 방법을 정리하여 설명하고, 시력 관리의 중요성을 다시 한번 강조합니다.

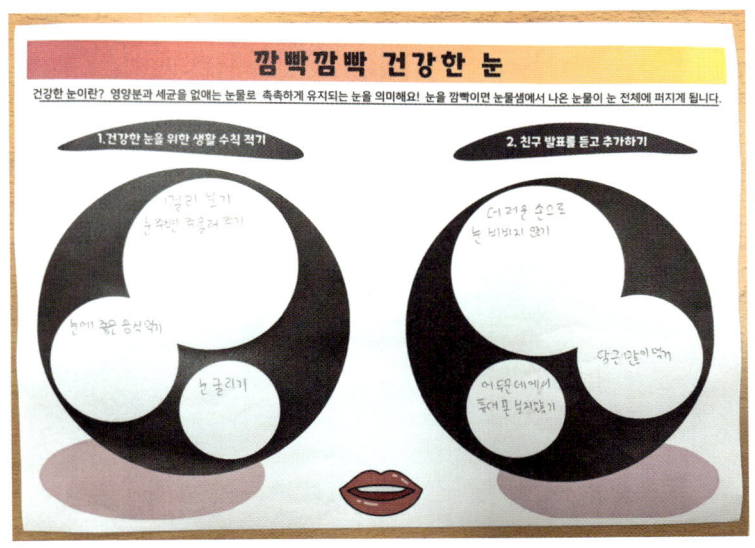

손 씻기
굿바이! 세균

　초등학교 시기는 생활 습관이 형성되고 가치관이 만들어지는 때입니다. 이때 올바른 손 씻기를 제대로 배운다면, 평생 실천할 수 있게 됩니다. 코로나19 팬데믹에는 손 씻기의 중요성이 강조되었으나 유행 단계가 낮아지면서 소홀해진 경우가 주변에서 종종 목격됩니다. 단체 생활을 하는 학교에서는 학생들이 손 씻기를 습관화할 수 있도록 손 씻기 교육을 수시로 하고, 손 씻기 실천율을 높이기 위한 환경을 조성하기 위해 노력을 하고 있습니다. 예를 들면 손 씻는 방법을 쉽게 따라할 수 있는 동영상이나 포스터를 게시하고, 학생이 보건실을 방문할 때마다 수시로 교육하거나 보건 교육을 통해 손 씻기의 중요성과 실천 방법을 전달합니다. 또한 화장실이나 세면대에 비누를 비치하고, 손 씻는 그림 스티커를 붙여 학생들이 언제든지 보면서 따라 할 수 있도록 합니다. 손 씻기는 우리의 건강을 지키기 위한 가장 기본적이고 중요한 생활 습관이므로, 학생들 누구나 스스로 실천해야 한다는 경각심을 가져야 합니다.

추천 대상	초등학교 1~6학년
수업 주제	건강한 생활 - 손 씻기
학습 목표	언제 손을 씻어야 하는지 이해하고, 올바른 손 씻기 방법을 알고 실천할 수 있다
활동	1) 눈으로 세균을 봐요 2) 찾아보자, 적어 보자, 알아보자! 3) 도전! 손 씻기

함께 읽은 책

『얘들아, 손 씻으러 가자!』

나카가와 히로타카 글, 세리코 그림, 이중현 옮김, 춘희네책방, 2023

숲속에 사는 동물 너구리는 손 씻기의 중요성을 알고 평소 잘 실천하는 친구입니다. 어느 날, 너구리와 숲속 친구들은 놀이터에서 세균을 연구하는 연구소장을 만나 손에 묻은 세균과 바이러스를 확인하는 특별한 기계를 보게 됩니다. 너구리와 숲속 친구들은 기계로 너구리의 깨끗한 손과 자신들의 지저분한 손을 비교한 뒤, 손 씻기의 중요성을 깨닫고 열심히 손을 씻기로 결심합니다. 주인공 너구리가 언제 손을 씻는지, 나는 언제 손을 씻는지 비교하며 자신의 손 씻기 습관을 점검할 수 있습니다. 눈에 보이지 않을 뿐, 우리 손에 수많은 세균과 바이러스가 있다는 사실을 통해, 학생들은 올바른 손 씻기의 필요성과 방법을 생활 속에서 실천할 수 있을 것입니다.

활동 1. 눈으로 세균을 봐요

세균은 눈에 보이지 않기 때문에 자칫 손 씻기를 귀찮아할 수 있습니다. 이번 활동에서는 풍선과 물감을 이용해 손바닥에 세균이 묻는 과정을 알아보고 손 씻기의 필요성을 느껴 봅니다.

① 모둠별로 공기를 넣은 풍선 1개, A4 종이(인원수에 맞게), 라텍스 장갑, 물감을 준비합니다.
② 라텍스 장갑을 낀 손에 각자 원하는 색깔의 물감을 짜서 골고루 바르도록 합니다. 모든 학생이 물감을 짤 때까지 기다렸다가 동시에 진행합니다. 활동 중에 물감이 마르면 중간에 다시 물감을 짜서 활동에 참여하도록 합니다. 이때 옆 친구의 옷이나 물건에 물감을 묻히지 않도록 주의합니다.
③ 모둠별로 풍선 1개를 받으면 '둥글게 둥글게' 노래를 부르면서 옆 친구에게 풍선을 돌립니다. 풍선이 한 바퀴를 돌고 난 후, 여러 색깔 물감이 묻은 장갑으로 A4 종이에 손도장을 찍습니다.
④ 결과물을 보면서 처음에 내가 묻힌 색깔과 시간이 지날수록 늘어난 색깔을 대비하면서 느낀 점을 이야기합니다. 여러 사람의 손을 거칠수록 풍선에 묻는 색깔이 많아지는 것처럼 세균도 손에서 손으로 옮겨 갈수록 점점 늘어난다는 점을 설명합니다. 활동이 끝나면 물감이 여기저기 묻지 않도록 장갑을 쓰레기통에 잘 버리는 것까지 안내합니다.

 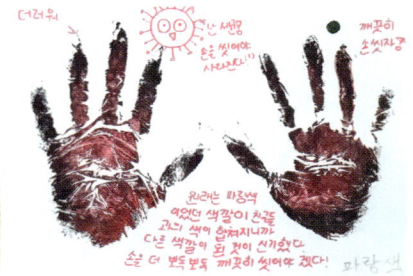

활동 2. 찾아보자, 적어 보자, 알아보자!

일상생활 속에서 손 씻기 습관을 실천해야 하는 이유를 스스로 찾아보는 활동입니다.

① 학생들 각자 그림책을 보면서 손 씻기 관련 내용을 찾습니다. 자신은 하루 종일 학교생활을 하면서 언제 손을 씻는지 생각해 보고, 2분 동안 A4 종이에 모두 적어 봅니다.

② 2분 후, 한 사람씩 손을 들고 자신이 쓴 내용 중 하나를 발표합니다. 다른 학생들은 발표를 들으면서 자신이 쓴 종이에 같은 내용이 있으면 연필로 표시합니다. 마지막 학생이 발표할 때까지 이 과정을 반복합니다.

③ 발표가 끝나면 언제 손을 씻어야 하는지 교사의 설명을 덧붙입니다. 예를 들어 화장실을 다녀온 후, 식사하기 전, 외출하고 돌아온 후, 청소한 후 등이 있으며, 일상생활에서 많이 사용하는 손을 통해 세균이 옮겨지게 되면 질병이 유행할 수 있다는 점을 강조합니다.

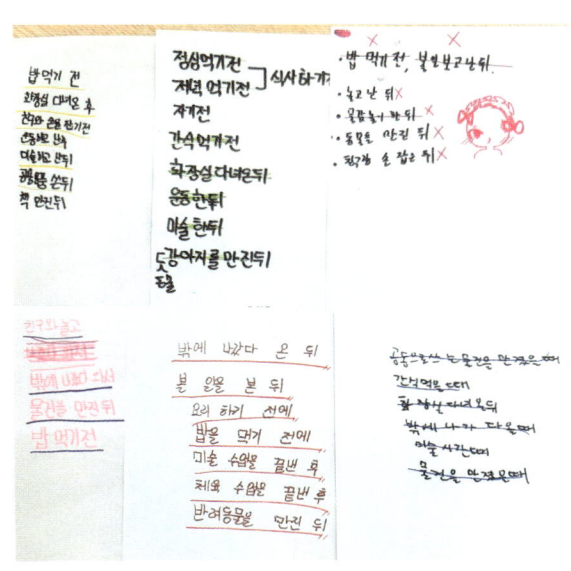

활동 3. 도전! 손 씻기

이번 활동에서는 '손 씻기 6단계'를 통해 올바른 손 씻기 방법을 재미있게 배우는 시간을 가져 봅니다.

① 그림책 속 '손 씻기 6단계' 그림을 칠판에 붙인 후, 모둠별로 따라 합니다. 모둠원은 6명씩 있으면 좋습니다. 손 씻기 방법을 연습할 때 '둥글게 둥글게' 노래를 부르면서 신나고 재미있는 활동이라는 것을 느낄 수 있도록 합니다.

② 모둠별로 손 씻기 방법이 익숙해지면 "도전!"을 외치고 모둠별로 칠판 앞으로 나와서 한 줄로 섭니다. 한 명이 한 단계씩 맡아 시범을 보이고 다른 친구들에게 설명합니다. 모둠원 모두가 손 씻기 6단계를 시범 보이고 설명하면 교사가 "통과"라고 외칩니다.

③ 통과한 모둠은 자리로 돌아가고, 다른 모둠이 도전을 이어갑니다. 통과하지 못한 모둠은 모둠별로 다시 연습하고 재도전합니다. 만약 재도전하여 통과하지 못한다면 칠판에 붙어 있는 그림을 보면서 순서대로 따라 하도록 합니다.

④ 모든 모둠의 활동이 끝나면, 손 씻기 6단계를 책갈피로 만들면서 활동 내용을 정리합니다. 학생들에게 가로세로 21×3cm 크기의 책갈피 모양 흰 종이(상장용 종이 두께)와 손 씻기 6단계 그림이 있는 스티커를 나누어 주고, 순서대로 찾아서 붙이도록 합니다. 완성된 책갈피를 가지고 다니면서 손 씻는 방법을 잊지 않도록 합니다.

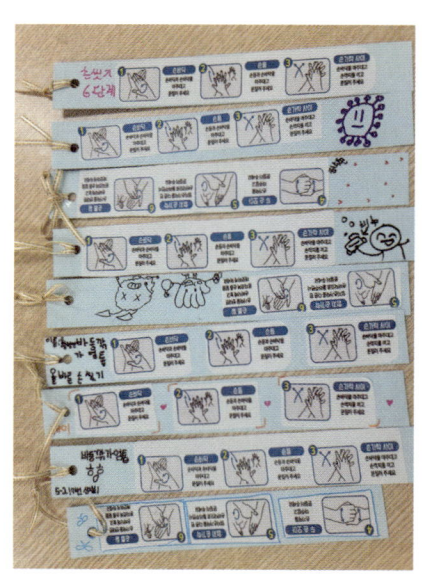

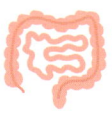

소화
나, 소화 다 됐어요!

유아 그림책에서 '똥'을 소재로 한 책들이 많은 이유는 영유아기의 아이들이 주변 세계에 호기심이 많기 때문입니다. 특히 이 시기는 아이들이 스스로 똥을 누고 닦는 기술을 배우는 중요한 시기입니다. 그러다 초등학생이 되면 똥 이야기에 친숙해지기도 하고, 건강한 장 관리의 중요성을 이해하게 되는데, 이는 면역력을 높이는 좋은 습관으로 이어집니다. 소화 기관은 우리가 먹은 음식을 소화하고 영양소를 흡수하며 노폐물을 배출하는 역할을 합니다. 소화 기관 건강의 신호인 황금색 바나나 똥을 잘 누기 위해서는 소화에 도움 되는 음식이 무엇인지 알고, 이를 흡수하여 영양분으로 저장하거나 필요 없는 것을 어떻게 잘 배출하는지 익히는 것이 필요합니다. 물론 학교에서 해결할 수 없는 부분도 있지만, 보건 수업을 통한 지속적인 노력이 학생들의 삶의 질을 향상시키는 데 기여할 것입니다.

추천 대상	초등학교 5~6학년
수업 주제	건강한 생활 - 소화
학습 목표	소화 기관의 역할을 이해하고, 소화 기관 건강 실천법을 설명할 수 있다
활동	1) 소화 기관 그림자놀이 2) 소화 기관 건강 문장 완성하기 3) 소화 기관 건강 실천 달력 만들기

 함께 읽은 책

『똥 따라가자, 오키!』

애덤 케이 글, 헨리 패커 그림, 박아람 옮김, 윌북주니어, 2024

『똥 따라가자, 오키!』는 옥수수 알갱이인 주인공 '오키'가 '노아'의 몸에 들어가 소화 기관의 길을 따라 벌어지는 에피소드를 학생들의 눈높이에 맞춰 알기 쉽게 설명합니다. 오키가 어설프게 노아의 입으로 들어가는 장면부터 화장실 변기통 속으로 쏙 빠져나간 뒤, 배관을 타고 어디론가 사라지는 과정은 학생들의 상상력과 호기심을 자극합니다. 이 책을 읽으면서 학생들은 소화 기관의 이름과 역할을 자연스럽게 배울 수 있으며, 소화 과정에서 배출되는 트림과 방귀 같은 현상도 이해하게 됩니다. 이를 통해 우리 몸의 소화 작용에 대한 이해를 높이는 동시에, 스스로 소화 기관 건강을 위한 계획을 세울 수 있습니다.

활동1. 소화 기관 그림자놀이

주인공 오키가 노아의 몸속에서 소화 기관과 역할을 배운 것처럼 오키의 그림자를 따라 배우는 활동입니다.

① 인체 그림이 그려진 활동지와 각 소화 기관이 그려진 활동지 총 2장을 나누어 줍니다. 먼저 소화 기관 활동지를 보면서 각 기관의 이름을 적은 후, 하나씩 오려서 인체 그림 활동지 위에 적절한 위치를 찾아 붙입니다.
② 소화 기관을 모두 붙인 후, 학생들이 소화 기관의 역할을 잘 이해했는지 확인하기 위해 그림책을 다시 펼쳐 관련 내용을 한 번 더 살펴봅니다.

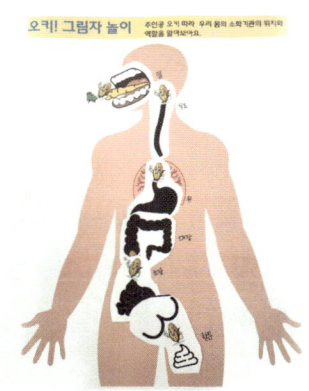

💬 수업 Tip

소화 기관의 이름과 역할을 알아보는 또 다른 방법으로 '소화 기관 역할 놀이'가 있습니다. 모둠을 나누고 그 안에서 각자 소화 기관을 하나씩 담당합니다. 모둠별로 나와서 몸동작으로 각 소화 기관의 핵심 역할을 표현하는 방식으로 진행됩니다. 예를 들어, 입은 꼭꼭 잘 씹는 동작, 위는 두 손으로 뭔가를 주무르는 동작이나 트림하는 동작, 장은 꼬르륵 소리를 내거나 방귀를 뀌는 동작

등으로 표현할 수 있습니다.

활동 2. 소화 기관 건강 문장 완성하기

건강한 소화 습관에 대한 자기 생각을 문장으로 표현하는 능력을 기를 수 있는 활동입니다. 또한 이 활동을 통해 학생들은 다양한 아이디어를 공유함으로써 재미있고 유익하게 창의력을 기를 수 있습니다.

① 문장 완성용 활동지가 필요합니다. 활동지는 A4 종이를 2쪽씩 모아찍기로 인쇄하고, '소화 기관 건강 단어 카드'를 만들어 코팅합니다. 이때, 반 전체 학생이 각자 3장씩 뽑을 수 있는 분량으로 준비합니다.
② 학생들이 무작위로 카드를 뽑을 수 있도록 불투명한 뽑기 통을 준비합니다. 3장의 카드를 뽑은 학생은 카드에 쓰인 단어를 이용해 소화 기관 건강을 위한 문장을 완성합니다. 예를 들어, 자신이 뽑은 카드에 '과일', '씹기', '바나나'라는 단어가 있다면, "과일 중에서 바나나를 골라서 꼭꼭 씹어 먹겠습니다."라는 문장을 활동지에 적어서 완성할 수 있습니다.

• 소화 기관 건강 단어 카드 예시

운동	방구	구강	복통
바나나	씹기	채소	과일
야식	과식	규칙적	칫솔질
체중	수면	식습관	달리기
소화	똥	식도	위
소장	대장	짠맛	매운맛

③ 자신이 완성한 문장이 적힌 종이를 짝과 교환하여 읽어 봅니다. 만약 3장의 카드로 문장 완성을 어려워하는 학생이 있다면, 짝이나 교사의 도움을 받아 문장을 완성하도록 합니다.

활동3. 소화 기관 건강 실천 달력 만들기

건강 실천 달력 만들기를 통해 규칙적이고 균형 잡힌 식습관을 형성하고, 소화 기능과 장 건강을 점검하는 등 학생들이 다양한 측면에서 건강 관리 습관을 형성할 수 있도록 도와 주는 활동입니다.

① 교사는 각 소화 기관별로 실천 달력을 만들어 보도록 다양한 자료를 제공합니다. 예를 들어, 교사가 만든 달력의 예시를 보여 줄 수도 있고, 학생들이 그림책

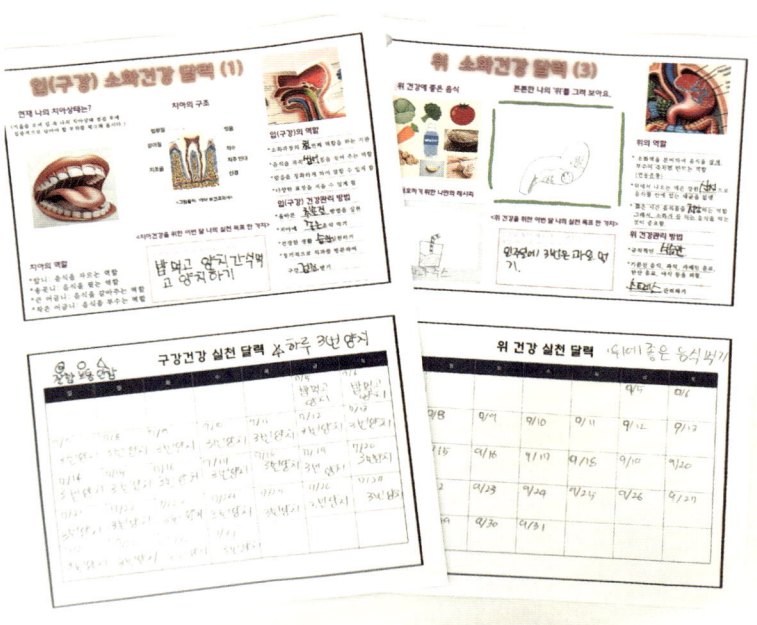

에서 배운 내용을 토대로 자신이 실천하고 싶은 것을 채울 수도 있습니다. 이때, 소화 기관 중에서도 특히 중요한 입, 위, 장의 도안을 제공합니다. 실천 달력의 내용은 각 소화 기관의 역할과 구조를 이해하고, 소화 기관을 건강하게 유지하는 방법을 알아보며, 이를 위한 나만의 실천 목표를 한 가지 작성하는 것까지 세 가지로 구성됩니다.

② 달력 하단에는 학생들이 실제로 계획을 세울 수 있도록 날짜와 공란을 두어 다이어리처럼 활용할 수 있도록 합니다. 또한, 이 달력을 학급에 게시하여 학생들의 적극적인 참여를 유도할 수 있습니다.

수면
건강을 지키는 수면 습관

　최근에는 '미라클 모닝'처럼 아침잠을 줄여 시간을 더 효율적으로 보내야 부지런한 사람이라고 바라보는 인식이 늘어났습니다. 그래서인지 늦은 밤까지 일을 하거나 늦잠을 자면 괜스레 게으른 사람이 된 것 같은 느낌을 받게 되기도 합니다. 하지만 모든 사람의 생체 리듬은 같지 않습니다. 학생들이 자신의 생체 리듬을 되돌아보고 자신만의 수면 습관을 찾는 교육이 필요합니다. 잠을 자더라도 스마트폰을 보며 잠들 때와 따뜻한 물을 마시고 그대로 잠들 때, 몸의 회복에 다른 영향을 미칩니다. 실제로 두통을 호소하는 학생들에게 전날 밤에 잘 잤는지 물으면, 대부분 학생이 "잠이 오지 않아서 핸드폰을 보다가 늦게 잤어요."라고 답하곤 합니다. 밤늦게까지 스마트폰을 이용하는 학생이 늘어나고 학업으로 인한 스트레스가 생체 리듬을 깨뜨리는 경우가 많습니다. 이렇게 되면 면역력이 감소할 뿐 아니라, 호르몬 균형에도 지장을 주어 식욕 부진과 스트레스 조절 장애를 유발하는 등 우리 신체의 다양한 부분에 악영향을 줄 수 있습니다. 따라서 학생들은 수면의 중요성을 인식하고, 자신의 생체 리듬에 맞는 적절한 수면 계획을 세워 실천함으로써 건강 관리 역량을 높이는 것이 필요합니다.

추천 대상	초등학교 5~6학년
수업 주제	건강한 생활 - 수면
학습 목표	건강한 수면의 중요성을 이해하고, 자신의 생체 리듬에 맞는 건강한 수면 계획을 세울 수 있다
활동	1) 수면 손병호 게임 2) 나의 피로도 주머니 그려보기 3) 건강 수면 휠 북 만들기

 함께 읽은 책

『나만 몰랐던 잠 이야기』

허은실 글, 이희은 그림, 풀빛, 2017

『나만 몰랐던 잠 이야기』는 주인공이 잠에 대해 궁금한 점을 하나하나 풀어가며 건강한 수면의 중요성을 쉽게 설명하는 그림책입니다. 주인공은 부모님은 안 자면서 왜 자신에게만 일찍 자라고 하는지, 낮에 자고 밤에 놀면 왜 안 되는지, 훌륭한 사람들은 잠이 나쁘다고 하기도 하는데 왜 자신은 일찍 자야 하는지 답답해 합니다. 하지만 이야기가 진행됨에 따라, 사람과 동물은 모두 수면한다는 사실과 생체 리듬을 지키기 위해 밤에 자야 한다는 사실을 알게 됩니다. 또한, 잠 안 자기 세계 기록에 도전한 아이의 11일 동안의 모습을 그림과 함께 보여 주며 잠의 중요성을 강조합니다. 이 책은 주인공과 비슷한 의문을 가진 학생들이나, 건강한 수면에 대해 깊이 생각해 보지 않은 학생들의 궁금증을 풀어 줍니다. 이를 통해 활기차고 건강한 사람이 되기 위한 필수 조건은 건강한 수면이며, 이를 위해 실천 계획을 수립하고 지켜야 한다는 것을 배우게 됩니다.

활동 1. 수면 손병호 게임

그림책을 읽기 전에 그동안 몰랐던 잠에 관한 이야기가 있는지 스스로 수면에 대한 사전 지식을 점검하는 활동입니다. 이를 통해 학생들의 학습 동기를 유발하고, 잠에 대해 몰랐던 정보를 전달할 수 있습니다.

① 학생들은 양손을 머리 옆으로 올립니다. 이때 손바닥은 교사가 있는 쪽으로 향합니다.
② 학생들은 교사가 제시하는 문장이 맞다고 생각하면 오른손으로 주먹을 쥐고, 틀렸다고 생각하면 그대로 둡니다. 문제를 틀릴 때마다 왼손의 손가락을 하나씩 접습니다. 예를 들어, 교사가 "사람의 생체 시계는 모두 동일하다."라고 했을 때 학생들은 오른손을 쥐거나 펴서 의견을 표시합니다. 학생들이 모두 의사를 표현했다면 교사는 정답을 알려주고, 틀린 학생들은 왼 손가락을 하나씩 접습니다.
③ 총 5개의 문제를 출제하고, 마지막에는 학생들이 접지 않은 손가락 개수를 직접 확인하여 자신이 몇 문제나 알고 있었는지 셉니다.

문제 예시

- ☑ 사람의 생체 시계는 모두 동일하다. (×)
- ☑ 새벽 2시에는 성장 호르몬이 가장 많이 나온다. (○)
- ☑ 에디슨은 자는 시간이 아까워 낮잠도 자지 않았다. (×)
- ☑ 평소보다 덜 자면 부족한 잠이 열 배, 스무 배로 불어 피로가 쌓인다. (○)
- ☑ 달콤한 잠은 행복한 사람을 만든다. (○)

활동 2. 나의 피로도 주머니 그려보기

자신의 피로도를 시각화하는 활동입니다. 이를 통해 다른 친구들과 자신의 피로도를 쉽게 비교하여 자신의 수면 습관을 점검할 수 있습니다.

① 활동지에 그려진 캐릭터 머리 위에 크기가 다양한 피로도 주머니를 그립니다. 그 옆에 자신이 느끼는 피로도를 점수화하여 적습니다.

② 활동지 아래에는 자신의 피로도가 이렇게 나타난 이유를 적어 봅니다. 학업으로 수면 시간이 짧거나, 밤늦게까지 스마트폰을 사용하는 등 다양한 이유로 피로도가 높은 학생들은 피로도 점수를 높게 주고, 주머니도 크게 그립니다. 피로도가 상대적으로 낮은 학생들은 건강한 수면을 위해 어떤 일을 하고 있는지도 함께 적어 봅니다.

활동3. 건강 수면 휠 북 만들기

휠 북 Wheel book 은 두 개의 종이를 핀으로 고정하여 회전시키면서 특정 부분을 가리거나 강조할 수 있도록 만든 학습 도구입니다. 이번 활동에서는 휠 북에 자신만의 하루 일과표를 작성하되, 건강한 수면 습관을 위해 어떤 결심이 필요한지 적어 봅니다. 이 활동을 통해 학생들은 건강한 수면의 필요성을 자신만의 문장으로 정리하고 실천 계획을 세웁니다.

① 교사는 수면의 필요성과 건강한 수면 습관이 적힌 활동지와 휠 북 종이, 할핀을 제공합니다. 이때 휠 북은 첨부된 활동지를 오린 후, 할핀을 끼워 간단히 만들 수 있습니다. 활동지를 받은 학생들은 수면의 필요성을 읽고 자신만의 우선순위를 1부터 5까지 표시한 뒤, 이를 실천할 수 있는 시간대를 함께 적습니다.

② 휠 북 바깥면에는 학생들이 수면의 필요성 중 1순위로 적은 내용을 활용하여

다짐의 글을 작성합니다. 예를 들어, "배고픔을 느끼게 하는 호르몬이 분비된다."를 1순위로 꼽은 학생들은 "나는 건강한 몸매를 유지하기 위해 건강한 수면 습관을 실천할 거야."라고 적습니다.

③ 휠 북의 안쪽 면에는 건강한 수면 습관에 자기가 정한 시간을 반영하여 하루 일과표를 작성합니다. 예를 들어, 자신이 산책하기 편한 시간이 6시라면 6시~6시 30분은 '산책하기'를 적습니다. 또한 취침 시간을 10시라고 한다면 9시 30분~10시에 '스마트폰 만지지 않기'를 작성하면 됩니다.

④ 일정 기간을 정해 휠 북대로 실천한 후기를 짧게 나눠 봐도 좋습니다. 같은 시간 동안 자더라도 수면의 질에 따라 피로도가 다르다는 것을 직접 경험한다면, 건강한 수면의 중요성을 깨닫게 될 것입니다.

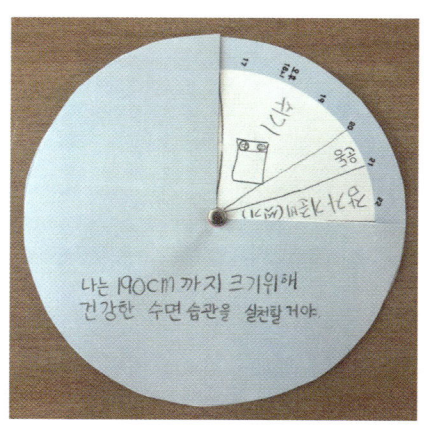
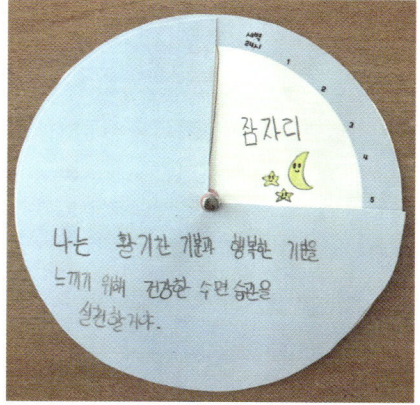

감정 조절
있는 그대로 마음 마주보기

　우리는 살아가면서 매 순간 슬픔, 기쁨, 사랑, 미움 등 다양한 감정을 느낍니다. 어떤 감정은 편안하고 좋은 느낌을 주지만 어떤 감정은 불편해서 빨리 사라지길 바라기도 합니다. 부정적인 감정이 들 때 내 몸과 마음이 어떻게 반응하는지 살펴본 적이 있나요? 감당하기 힘든 감정을 억지로 잊으려고 하는 것을 억압 또는 억제라고 합니다. 억제된 감정은 잠시 잊을 수는 있지만 완전히 사라지는 것은 아닙니다. 표현되지 못한 감정은 쌓여서 원인을 알 수 없는 두통, 복통 등으로 나타나기도 하고, 대인 관계에서 갈등을 일으키고, 무기력함과 우울로 일상생활에 어려움을 빚기도 합니다. 반대로 감정을 과도하게 표출해서 본인은 물론 주변 사람들까지 힘들게 만드는 일도 있습니다. 보건실에 방문한 학생 중 화가 나거나 스트레스를 받을 때마다 자기 몸에 상처를 내는 방식으로 해소하는 학생이 있어 매우 걱정스러웠던 기억이 있습니다. 요동치는 감정은 지금 내 마음이 어떤 마음인지 알아차리고 자신의 감정에 이름을 붙여 보는 것만으로도 조절될 수 있습니다. 감정 수업을 통해 학생들이 자신의 마음을 있는 그대로 바라볼 수 있길 바랍니다.

아울러 자신의 삶에 긍정적인 영향을 줄 수 있는 감정 표현법을 고민하면서 학생들의 마음 건강이 한 뼘 더 성장하는 시간이 되길 바랍니다.

추천 대상	초등학교 5~6학년
수업 주제	건강한 생활 - 감정 조절
학습 목표	다양한 감정 단어를 알아보고, 상황에 맞는 적절한 감정 표현을 즉흥극으로 표현할 수 있다
활동	1) 표지를 보고 감정 추측해 보기 2) 마음을 담은 병 이모티콘 그리기 3) 감정 표현 즉흥극 하기

 함께 읽은 책

『마음을 담은 병』

데버라 마르세로 글·그림, 김세실 옮김, 나는별, 2023

주인공 르웰린은 두려움이라는 감정을 싫어합니다. 그래서 두려움을 병에 담아 보이지 않는 곳에 숨겨 두기로 합니다. 거기에 그치지 않고 슬픔, 화, 창피, 실망 등 불편한 감정들은 모조리 병에 담아 숨겨 두었습니다. 하지만 잔뜩 쌓였던 병 속의 감정들이 와장창 깨지게 되는데, 르웰린은 두려움이나 슬픔보다도 후련함을 느끼게 됩니다. 그 후로 르웰린은 감정을 숨기려고 하지 않고 마음을 있는 그대로 바라볼 수 있었습니다. 르웰린이 마음을 병에 담아둘 때는 표정에서 왠지 모를 답답함과 힘듦이 느껴집니다. 그림책을 함께 읽다 보면 부정적인 감정을 느꼈을 때 나는 어떻게 반응했는지 생각해 보게 됩니다. 르웰린처럼 억지로 잊으려고 한 적이 있었는지, 과도하게 표현해서 주변을 불편하게 만든 적이 있었는지 말입니다. 감정을 말로만 설명하면 추상적이고 어렵지만, 주인공의 변화를 보면서 학생들은 감정을 친근하게 받아들이고, 감정 조절의 의미를 배웁니다.

활동 1. 표지를 보고 감정 추측해 보기

그림책 속표지에는 마음을 담은 다양한 병 그림이 그려져 있습니다. 이 그림을 보고 병 속에 어떤 감정이 들어 있을지 추측해 보는 활동입니다. 주인공이 병 속에 담은 감정들은 우리가 흔히 이야기하는 부정적인 마음이었습니다. 혼났을 때 부끄럽고 서러운 마음, 일이 뜻대로 안 될 때 화가 나는 마음 등 여러 감정을 병 안에 숨기고 싶어 합니다. 이 활동에서 학생들은 유리병 속에 어떤 감정이 들어 있을지 떠올려 보고 말로 설명하는 과정을 통해 다양한 감정을 이해할 수 있습니다.

① 교사는 학생들에게 속표지를 충분히 탐색할 수 있는 시간을 줍니다.
② 그다음 학생들은 속표지 그림을 보고 떠오르는 감정을 확인합니다.
③ 마음을 담은 병 속에 들어 있는 감정과 병 속에 감정을 담은 이유가 무엇인지 설명합니다. 학생들은 그 이유로 '그 마음을 계속 지켜보고 싶지 않아서'라는 내용을 가장 많이 꼽았습니다.

그림책 질문

☑ 주인공은 왜 마음을 병에 담았을까요?

☑ 어떤 마음을 병에 담았을까요?

☑ 여러분도 병에 담고 싶은 마음이 있나요?

활동 2. 마음을 담은 병 이모티콘 그리기

그림책을 읽고 난 후 무드미터로 학생들이 느끼는 감정을 알아보고, 마음을 담은 병 이모티콘을 그리는 활동을 합니다. 무드미터는 감정을 쾌적도와 활력도 레벨에 따라 사분면 그래프에 100개의 감정 단어를 포함하고 크게 빨강, 노랑, 초록, 파랑으로 시각화하여 감정 인지를 돕는 마음 교육 도구입니다. 쾌적도가 높으면 상쾌하거나 편안한 상태를, 쾌적도가 낮으면 불쾌하거나 스트레스를 받는 상황을 말합니다. 활력도가 높으면 활동적이고 활발한 상태를, 활력도가 낮으면 무기력한 상태를 말합니다. 색에 따른 대표적인 감정은 빨간색-화남/짜증, 노란색-기쁨/흥분, 초록색-평온/안심, 파란색-슬픔/피로 등입니다.(마크 브래킷, 『감정의 발견』 참고) 이 활동을 통해 학생들은 감정 조절의 출발점인 감정 인지와 감정 단어에 대해 배울 수 있습니다.

① 학생들에게 무드미터 도구를 소개한 후 '오늘 기분은 어떤 색인가요?', '이유는 무엇인가요?'라고 질문하고 감정을 무드미터 색으로 표현해 보도록 합니다.

② 무드미터에서 현재 감정에 가장 가까운 감정 단어와 감정 색깔을 찾아봅니다. 그다음 감정 색깔을 사용하며 '마음을 담은 병' 이모티콘을 그리는 활동을 합니다. 이모티콘을 그릴 때는 감정이 주는 느낌을 떠올리며 마음을 담은 병의 크

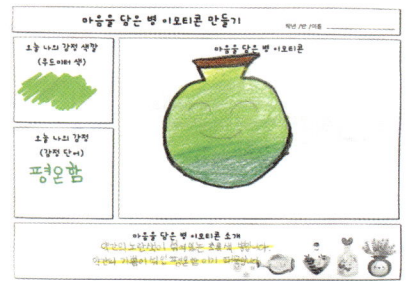

무드미터 참고 이미지

기, 길이, 색깔 등을 다르게 그립니다.

③ 이모티콘을 그린 후에는 감정을 느낀 상황, 감정 단어, 감정 색깔, 이모티콘 설명을 포함하여 발표하도록 합니다. 학생들의 이모티콘을 살펴보니 노란색 꽃이 가득 꽂혀 있는 병, 빨간색의 무언가를 뿜고 있는 병, 속에서 물이 흘러나오는 병 등 다양했습니다. 어떤 학생은 "오늘 학원 시험이 있어(상황) 걱정돼요(감정 단어), 짙은 주황색(무드미터 색) 마음이에요. 그래도 자신 있는 과목이라 병 안에 조금만 채웠어요."라고 설명하기도 했습니다.

활동3. 감정 표현 즉흥극 하기

감정은 자연스러운 반응이지만 상황(대상, 때, 장소)에 따라 적절하게 표현되어야 합니다. 상대방에 대한 배려와 존중이 없는 감정 표현은 감정 조절을 더욱 힘들게 합니다. 이번 활동에서는 그림책 주인공이 되어 즉흥극으로 감정을 표현해 보고, 같은 감정이더라도 대상에 따라 배려와 존중이 담긴 감정 표현이 어떻게 달라지는지 느껴 봅니다.

① 큰 뽑기 상자 2개를 준비합니다. 한 상자에는 행복한, 들뜬, 슬픈 등 감정 카드가 담긴 뽑기 공을 채워 '르웰린의 마음 상자'를 만듭니다. 또 다른 상자에는 대상

카드가 담긴 뽑기 공을 채웁니다. 대상 카드에는 선생님, 친한 친구, 부모님 등이 쓰여 있습니다. 뽑기 상자는 온라인 쇼핑몰 검색창에 '궁금이 상자'로 검색해 구매할 수도 있습니다.

② 학생들은 르웰린의 마음 상자에서 공을 하나씩 뽑아 감정 카드를 확인하고, 활동지에 내가 뽑은 감정은 무엇인지, 언제 느끼는지, 어떻게 표현할 수 있는지 작성하여 즉흥극을 구상합니다. 작성 후, 교실 무대로 나와 즉흥극으로 감정을 표현해 봅니다.

③ 대상 상자에서도 공을 하나 뽑아 감정 표현 대상을 확인하고, 대상에 맞는 배려와 존중이 담긴 감정 표현을 즉흥극으로 표현합니다. 예를 들어 '화' 감정 카드를 뽑은 학생은 바닥을 쿵쿵 구르며 화난 감정을 표현합니다. 그다음 다른 상자에서 '선생님' 대상 카드를 뽑아 확인한 후 학생은 선생님께 배려와 존중을 담은 감정 표현으로 높임말을 쓰고, 화가 난 이유를 천천히 설명하는 모습을 표현합니다.

1) 르웰린의 마음 상자와 대상 카드 상자 준비

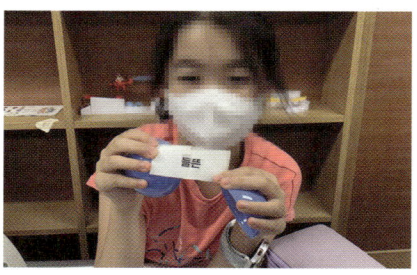

2) 감정 카드를 확인한 후, 즉흥극 구상하기

3) 감정 표현 즉흥극 하기

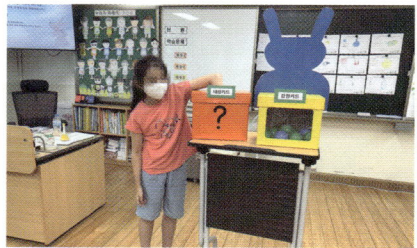

4) 대상 카드를 뽑고 배려와 존중이 담긴 감정 표현하기

의사소통
말하지 않으면 몰라요

'코로나 세대'는 코로나19로 인한 사회 변화에 직접적인 영향을 받은 세대를 의미합니다. 사회적 거리 두기, 원격 수업 등이 학교에서도 오랜 시간 지속되었고, 학생들이 제대로 등교하지 못하거나 체육, 음악 활동이 제한되고, 같이 밥도 먹지 못하는 생활이 계속되었습니다. 점차 학교 현장에서는 친구들과 상호 작용할 기회가 줄어 사회성, 정서적 발달이 더디게 일어나는 상황을 관찰할 수 있었습니다. 사회성을 기르거나 정서적 발달을 위해서는 대면 만남이 중요합니다. 상대방의 몸짓, 표정, 따뜻함 등의 비언어적 요소가 말로 표현하기 어려운 감정이나 의도를 전달하고, 이를 통해 서로 오해 없는 의사소통이 이루어지기 때문입니다. 학교에서 발생하는 의사소통 문제 중 하나는 친구의 마음을 잘 이해하지 못하거나, 자신의 마음을 제대로 표현하지 못해 생기는 갈등입니다. 예를 들어, 보건실에 항상 함께 오는 단짝인 두 친구가 있습니다. 어느 날은 둘이 아니라 한 친구만 혼자 보건실에 와서 시무룩한 표정으로 앉아 있었습니다. 무슨 일인지 물어보니, 모둠 활동을 위해 자유롭게 팀을 짜는데 그 친구가 다른 친구와 팀을 이루어서 마음이 상했다고 했습니다. 같이 하자고 말하지 않아도 당연히 자기와 모둠이 되리라고 생각했다고 합니다. 자기의 생각을 직접 표현하지 않은 채 상대방이 알아주길 바라는 것도 의사소통 문제입니다. 친구들과의 의사소통은 일방향이 아닌 쌍방향이 되어야 합니다. 그러기 위해서는 말을 잘하는 것뿐 아니라, 상대의 이야기를 경청하여 오해가 생기지 않도록 하는 것도 중요합니다. 이번 수업을 통해 학생들이 자신의 소통 습관을 되돌아보기를 바랍니다.

추천 대상	초등학교 1~6학년
수업 주제	건강한 생활 - 의사소통
학습 목표	타인의 마음을 이해하고, 자신의 마음을 구체적으로 표현할 수 있다
활동	1) 나의 빨간 마음 알아보기 2) 파란 마음 역할극 3) 느낌 나무 만들기

 함께 읽은 책

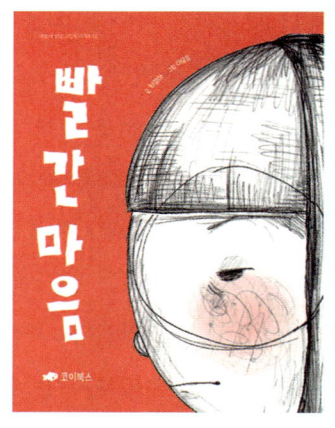

『빨간 마음』

최정아 글, 이유승 그림, 코이북스, 2023

주인공은 친구 때문에 화나는 일이 많습니다. 친구가 자신에게 말을 함부로 하고, 물건을 허락 없이 가져가기도 하고, 다른 친구와 인형 가지고 노는 것도 못 하게 하는 등 자신의 마음을 빨갛게 만들기 때문입니다. 이렇게 쌓인 '빨간 마음'은 결국 폭발하고 맙니다.

학생들은 하루 중 많은 시간을 학교에서 보내며, 그중에서 대부분을 친구와 함께 보냅니다. 친구에게 자기 생각을 잘 이야기하는 아이도 있지만, 거절하면 친구가 상처받을까 봐 친구의 의견을 따라가는 아이도 있습니다. 이런 관계가 계속 유지된다면 어느 순간 친구를 미워하게 되고, 나의 마음도 지키지 못하게 됩니다. 그림책 『빨간 마음』을 읽고 친구, 선생님, 부모님과의 관계에서 자신의 마음을 잘 표현하는 방법을 나누며 서로의 마음 건강을 지키는 방법을 알아보려 합니다.

활동 1. 나의 빨간 마음 알아보기

그림책의 표지나 제목, 책 소개글 등을 보면서 학생들과 내용을 추측해 보는 활동입니다.

① 본문을 읽기 전 교사는 학생들과 함께 표지 속 주인공의 모습을 관찰합니다. 안경을 쓴 눈은 아래쪽을 향해 있고, 입은 꾹 다문 채로 볼이 빨갛게 달아오른 모습 등을 관찰할 수 있습니다.
② 표지 왼쪽에는 '빨간 마음'이라는 제목이 적혀 있습니다. 친구의 표정과 책 제목을 보고 나는 학교생활 중 언제 빨간 마음이 생기는지 학생들의 다양한 대답을 들어 보고, 그림책을 함께 읽어 봅니다.

> **그림책 질문**
> ☑ 그림책 표지에서 무엇을 볼 수 있나요?
> ☑ 이 책의 제목은 왜 빨간 마음일까요?
> ☑ 나는 학교생활 중 언제 빨간 마음이 생기나요?

활동 2. 파란 마음 역할극

그림책을 읽은 후에 모둠을 만들어 역할극을 준비합니다. 학생들은 그림책 주인공이 겪은 것처럼 자신에게 부정적인 감정이 들게 하는 원인을 찾고, 이를 긍정적으로 해소할 방안을 떠올려 본 다음, 역할극 형식으로 표현합니다.

① 4개의 모둠을 만들어 역할극을 준비합니다. 모둠 친구들과 함께 대본을 작성하고 배역을 나누는 활동 계획을 안내합니다. 먼저 주인공이 빨간 마음이 생긴 이유를 이야기합니다.
② 빨간 마음이 생겼다가도 오해가 풀리면 파란 마음으로 변합니다. 빨간 마음을 경험한 친구들은 그때 어떤 말과 행동으로 파란 마음이 되었는지를 떠올리며 짧막한 대본을 써 보도록 합니다. 대본 작성 시, 내가 처한 상황에서 빨간 마음으로만 남지 않고 파란 마음으로 해결책을 찾도록 지도합니다.
③ 대본 작성이 끝나면 역할극을 발표합니다. 맡은 역할에 따라 간단하게 소품을 준비하거나, 이름표를 활용하는 등 시각적으로 다양하고 자유롭게 표현하도록 합니다.
④ 역할극이 끝나면, 우리가 파란 마음이 되기 위해서 어떤 말과 행동을 했는지 정리합니다.

대본 예시

친구 A 우리 짝꿍이니까 네 물건 좀 써도 되지?

친구 B 응⋯. (내 물건 만지는 거 싫은데⋯.)

친구 C, D 우와, 나도 나도 쓸래.

친구 E 너희 너무 예의 없다! B 표정이 어둡잖아. B야 너의 솔직한 생각

　　　　을 말해!
친구 B　사실 나는 내 물건에 손대는 거 싫어. 솔직하게 말하면 너희가 상처받을까 봐 말 못 했어.
친구 A, C, D　그랬구나. 미안해. 말해 줘서 고마워!

🔵 수업 Tip

역할극 발표를 할 때는 모두가 참여하는 수업이 되도록 해 주세요. 소극적인 성향의 아이는 참여하고 싶지 않다고 말할 수도 있습니다. 혼자가 아닌 모둠이 함께 하는 활동이므로 작은 역할이나 활동이라도 책임감을 가지고 함께 할 수 있도록 지도해야 합니다.

활동 3. 느낌 나무 만들기

이번 활동에서는 학생들이 역할극을 통해 느낀점을 나뭇잎 종이에 적고 나무에 걸어 전시합니다. 학생들은 전시된 느낌 나무를 보면서 다른 친구들의 생각을 읽고 서로에 대한 이해의 폭을 넓혀 나갈 수 있습니다.

① A4 종이 위에 나뭇잎 모양을 그리고 예쁘게 색칠합니다. 색칠 도구는 색연필, 사인펜 등 좋아하는 것으로 다양하게 사용하고, 나뭇잎 모양은 통일되지 않아도 되므로 각자 자유롭게 표현하도록 합니다.
② 나뭇잎에는 역할극을 통해 느낀 점, 새로 알게 된 점, 친구에게 바라는 점 등을 적습니다.

③ 교사는 나뭇잎을 걸 수 있는 나무 기둥을 미리 준비해서 학생들이 완성한 나뭇잎을 하나씩 걸 수 있도록 합니다.

🗨 수업 Tip

느낌 나무에 걸린 다른 친구들의 생각을 읽고, 빨간 마음인 친구를 격려하거나 자신의 다짐 등 추가로 넣고 싶은 내용이 생길 수 있습니다. 수업 이후에도 자유롭게 파란 마음 나뭇잎을 만들어서 더 풍성한 느낌 나무를 만들 수 있도록 합니다.

자아존중감
나는 나예요!

자아존중감 self-esteem 은 자신을 존중하고 소중히 여기는 감정입니다. 자아존중감이 높은 사람은 자신을 가치 있는 존재로 느끼고, 긍정적인 태도를 유지하려고 합니다. 이러한 사람들은 어려움에 직면했을 때 회복 탄력성이 높아 실패나 좌절을 겪더라도 쉽게 극복할 수 있습니다. 반면, 자아존중감이 낮은 사람은 자신의 가치를 낮게 평가하며, 타인의 말에 쉽게 상처받습니다. 이들은 자신에 대한 신뢰가 부족하여 다른 사람에게 의존하는 경향이 있습니다.

교류 분석에서는 사람의 마음을 다독이거나 격려하는 말을 '스트로크 stroke'라고 합니다. 좋은 말을 많이 들으면 사람은 자신이 인정받는다고 느끼고, 행복감을 느낍니다. 학생들은 부모님, 선생님, 친구들과 말을 주고받으면서 자신을 긍정적 혹은 부정적으로 바라보게 됩니다. SNS의 일상화로 다른 사람의 생활을 쉽게 들여다볼 수 있게 되면서, 학생들은 단순히 보이는 것만으로 자신을 다른 사람과 비교합니다. '나는 왜 저 친구처럼 수학 공부를 잘하지 못할까?', '다른 친구들은 모두 행복해 보이는데 나만 왜 불행한 걸까?'라고 자책하며 자신을 실패한 사람으로 여기기도 합니다. 이러한 상황은 학생들의 일상생활에 부정적인 영향을 미치기 때문에 신체적, 정서적으로 건강하고 행복하게 자라도록 돕기 위해서는 자기 자신을 긍정적으로 이해하는 것이 중요합니다. 이번 수업은 자아존중감을 향상시키고 긍정적인 삶의 태도를 형성하는 데 도움을 줄 것입니다.

추천 대상	초등학교 4~6학년
수업 주제	건강한 생활 – 자아존중감
학습 목표	• 내가 누구인가 탐색하는 과정을 통해 자신을 긍정적으로 이해한다 • 친구들과 긍정적인 상호 작용을 통해 자아존중감을 향상시킨다
활동	1) 나는 어떤 조각일까? 2) 움직이는 그림 만들기 3) 긍정 스트로크 샤워!

함께 읽은 책

『작은 조각 페체티노』

레오 리오니 글·그림, 이상희 옮김, 보림, 2023

페체티노라는 작은 조각의 이야기를 담은 책입니다. 페체티노가 사는 세상은 모두 덩치가 크고 용감하며 멋진 일을 척척 해내는 이들이 가득합니다. 그 속에서 페체티노는 자신이 누군가의 작은 조각에 불과하다 생각하고, 그 '누군가'를 찾아 여행을 떠납니다. 달리는 친구, 힘센 친구, 헤엄치는 친구,

산 위에 있는 친구, 하늘을 나는 친구, 동굴에 사는 지혜로운 친구에게 "내가 당신의 작은 조각일까요?"라고 묻지만 모두 "아니"라고 대답할 뿐입니다. 이후 페체티노는 쿵쾅섬으로 떠나게 되고 그곳에서 자신의 진정한 모습을 깨닫게 됩니다. 이 책은 칼데콧 아너상을 수상한 레오 리오니의 간결하면서도 강렬한 색감의 아름다운 그림을 통해 상상력과 흥미를 자극합니다. 또한 자신을 있는 그대로 인정하고, 자기 생각과 가치를 존중하는 것이 왜 중요한지 깨닫게 해 줍니다.

활동 1. 나는 어떤 조각일까?

그림책을 읽은 후, 콜라주 기법을 활용하여 자신을 조각으로 표현해 보는 활동입니다.

① A4 종이 크기의 두꺼운 도화지 한 장을 준비하고, 자신의 특성과 장점을 생각하며 현재의 모습이나 원하는 미래의 모습을 상상하여 표현합니다.
② [활동 2]에서 '애니메이티드 드로잉'을 활용할 때, 그림의 전체 선이 연결되어 있지 않으면 그림과 배경이 합쳐져 자연스럽게 움직이는 효과를 내기 어렵습

니다. 따라서 그림을 그릴 때 선이 끊기지 않도록 하나의 연결된 선으로 표현하며, 테두리를 선명하게 그리고 팔과 다리는 꼭 갖추도록 안내합니다. 이 과정에서 그림책 속 장면을 천천히 다시 보여 주며, 자신을 이루는 작은 조각들을 떠올리고 이를 추상적으로 표현하도록 유도합니다.

③ 그림이 완성되면 다른 친구들과 선생님이 이해할 수 있도록 그림의 뒷면에 자신을 소개하고 무엇을 그렸는지 이유와 함께 적어 봅니다.

> 💊 **수업 Tip**
>
> 자신을 표현하는 것이 어려운 경우, 사물, 동물, 식물 등에 빗대어 표현하도록 유도합니다. 다른 친구들이 만든 예시가 있으면 더 쉽게 표현할 수 있습니다.

활동 2. 움직이는 그림 만들기

[활동 1]에서 만든 '나의 조각' 그림을 '애니메이티드 드로잉'을 활용하여 움직이는 그림으로 만들어 보는 활동입니다. 학생들은 자신이 직접 그린 평면 캐릭터가 살아 움직이는 모습을 보며 즐거움을 느끼고, 작품의 완성도가 높아짐에 따라 성취감을 느낄 것입니다.

① 태블릿 PC와 스마트폰을 이용해 해당 사이트에 접속합니다. 애니메이티드 드로잉은 로그인 없이 간단히 사용법에 동의하기만 하면 자신이 그린 그림을 애니메이션처럼 움직이게 할 수 있습니다.

② [활동 1]에서 그린 조각 그림을 불러오면, AI 알고리즘이 자동으로 배경을 제거하고, 얼굴, 몸, 팔, 다리를 연결하여 관절을 잡아 줍니다. 지정된 관절 부위는

본인이 원하는 대로 수정할 수 있습니다.

③ 춤, 재미, 점프, 걷기 등의 동작 옵션을 선택합니다. 미리보기를 눌러 자신의 캐릭터를 확인하고, 마음에 들면 MP4 파일로 내려받을 수 있습니다. 내려받을 때 공유하기를 누르면 메일로 보내야 하는 번거로움이 있으므로, 미리보기 우측 하단의 화살표 모양 아이콘을 클릭한 후 전체 화면 우측 하단의 점 세 개 아이콘을 눌러 바로 내려받는 것이 좋습니다.

④ 완성된 '나만의 움직이는 캐릭터'를 다른 동영상에 합성하여, 자신을 소개하는 멋진 영상을 만들 수 있습니다.

활동 3. 긍정 스트로크 샤워!

긍정 스트로크 샤워는 시원하게 뿜어 나오는 물줄기로 몸을 깨끗하게 씻어내듯, 긍정적인 말로 마음속 상처나 우울감을 씻어 내는 것을 의미합니다. 학생들은 친구들과 서로 긍정적인 말, 힘이 되는 말, 응원의 말을 주고받으면서 자신을 더욱 사랑하게 되고, 자신감을 키울 수 있을 것입니다.

① [활동 1]에서 만든 그림 뒷면의 자기소개 주변에 말풍선 등을 그린 뒤, 친구에게 전하고 싶은 말이나 그 친구의 좋은 점, 칭찬하고 싶은 점을 진심을 담아 적어 봅니다.

② 이때 외모와 관련된 칭찬은 지양하고, 친구의 노력, 장점을 중심으로 격려하는 긍정적인 말을 하도록 유도합니다. 학생들은 친구들이 전한 메시지를 통해 자신이 미처 생각하지 못했던 장점을 발견하고 자아존중감을 키울 수 있습니다. 모둠별로 진행할 수도 있지만, 시간이 된다면 평소 자신감이 부족하거나 부정적인 생각이 많은 학생을 교실 중앙 무대로 초대해 주변 친구들이 힘이 되는 말과 인정해 주는 말을 해 줍니다.

③ 활동 후에는 친구들의 긍정적인 말을 듣고 어떤 생각과 느낌이 들었는지 이야기해 봅니다.

2장
질병 예방 교육

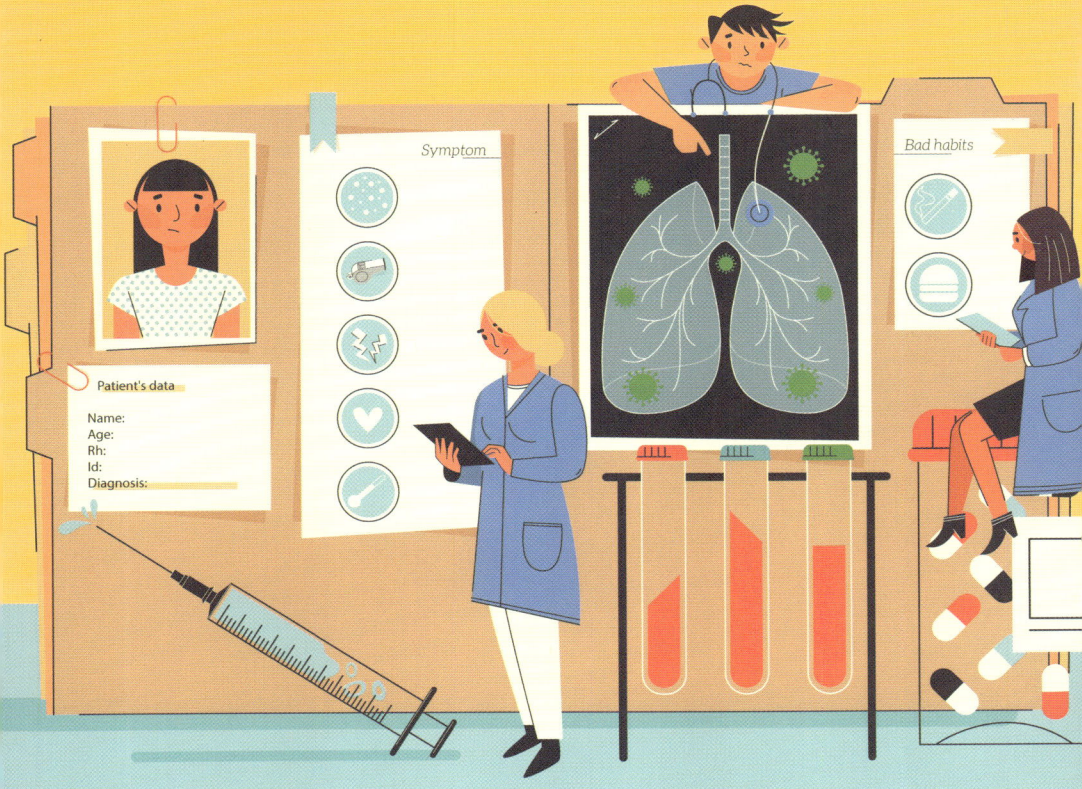

'질병 예방 교육'에는 예방뿐만 아니라 이미 걸린 질병이 빨리 나을 수 있도록 자기 몸을 잘 보살피는 방법도 포함됩니다. 여기서는 치아 건강, 건강한 체중 관리, 체형 불균형 예방, 감염병 예방, 알레르기, 응급 처치, 기도 폐쇄까지 7가지 주제를 배웁니다. 이 교육을 통해 평생 건강의 초석이 되는 생활 습관을 형성하고, 올바른 대처 능력을 기를 수 있습니다.

치아 건강
소중한 치아, 내가 지켜요!

'신체 오복五福'이라는 말이 있습니다. 그중 첫 번째로 튼튼한 이를 언급합니다. 유전적 질환이나 다른 건강 문제로 인해 건강한 치아를 유지하기 어려운 경우가 아니라면, 어릴 때부터 치아에 해로운 요소인 담배, 카페인, 음주, 당분이 많은 음식에 대한 교육이 필요합니다. 어린 시절부터 구강 건강 문제가 발생하면 성인이 되었을 때 더 큰 문제로 이어질 수 있습니다. 충치나 잇몸 질환은 관리가 소홀할 경우 시간이 지남에 따라 악화할 수 있으므로, 특히 초등학생 시기부터 철저한 관리가 필요합니다. 현재 초등학생들은 매년 구강 검진을 받고, '구강 보건의 날' 등의 행사를 통해 구강 건강 관리에 대해 교육 받고 있습니다. 그러나 충치(치아우식증) 발생률은 여전히 증가 추세입니다. 건강한 치아 관리 습관의 형성은 단순히 치아 건강에 그치지 않고, 전반적인 삶의 질을 향상하는 중요한 요소입니다. 따라서 올바른 칫솔질 방법과 건강한 치아 관리에 대한 교육을 꾸준히 해야 합니다.

추천 대상	초등학교 3~6학년
수업 주제	질병 예방 교육 - 치아 건강
학습 목표	충치가 발생하는 원인과 과정을 알고, 건강한 치아 관리를 위한 방법을 설명할 수 있다
활동	1) 내 입속 충치요괴를 찾아라! 2) 충치요괴 산을 통해 알아보는 충치 발생 과정 3) 건강한 치아 관리 습관 통장 만들기

함께 읽은 책

『충치요괴』

김명희 글, 간장 그림, 보라빛소어린이, 2020

당분이 든 음식을 밤낮으로 먹는 주인공의 입안에 충치요괴가 나타나 이를 썩게 만들고, 결국 무시무시한 치과에서 치료받는 이야기입니다. 이 책에는 충치요괴가 좋아하는 음식과 주인공의 이 사이에 어떤 연결 고리가 있는지 잘 보여 주고 있습니다. 겉으로 보기에는 아주 당연한 이야기처럼 느껴질 수 있지만, 학생들에게는 '나에게도 저런 일이 일어날까?' 혹은 '혹시 저런 일이 생기면 어떻게 하지?'라는 호기심과 걱정을 동시에 불러일으킵니다. 치과 치료는 어른들에게도 힘든 일입니다. 그러므로 학생들에게 어릴 때부터 건강한 치아 관리의 중요성을 알려주고 스스로 잘 관리하는 방법을 가르쳐야 합니다.

활동1. 내 입속 충치요괴를 찾아라!

자기 입안을 구석구석 살펴볼 기회는 많지 않기 때문에, 치아에 통증이 생기기 전까지는 충치가 생겼는지 잘 알지 못하는 경우가 많습니다. 그림책을 함께 읽은 후 손거울을 사용하여 내 입속에 충치요괴가 살고 있지 않은지, 또는 충치요괴가 나타나려고 하지 않는지를 확인해 봅니다. 이 과정에서 학생들은 치아 관리의 필요성을 느낄 수 있습니다.

① 교사는 작은 손거울과 치아 그림이 그려진 활동지를 학생들에게 나눠 줍니다. 이후 학생들이 자기 입안을 꼼꼼히 살펴보며 칫솔질이 제대로 되지 않은 부분, 음식물 찌꺼기가 끼어 있는 부분, 충치가 의심스러운 부분 등을 찾아보도록 안내합니다.

② 자신의 입안 상태를 활동지의 치아 그림에 표시하여 구강 건강 상태를 점검합니다. 이때, 저학년 학생들의 경우 표지의 충치요괴 스티커를 라벨지로 만들어 붙이도록 하면 더 흥미롭게 참여할 수 있습니다.

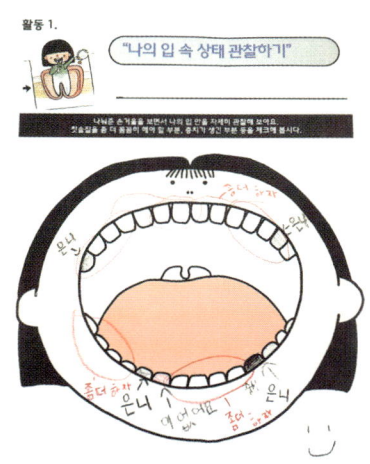

 **수업 Tip**

치아우식증과 충치는 비슷하지만, 정확히 같은 의미는 아닙니다. 저학년의 경우에는 이해하기 쉽게 '충치'라는 표현을 사용하지만, 고학년 수업에서는 '치아우식증'이라는 정확한 용어를 사용합니다.

활동 2. 충치요괴 산을 통해 알아보는 충치 발생 과정

치아를 건강하게 관리하기 위해서는 먼저 치아의 구조를 이해하고, 충치가 생기는 원인과 과정을 잘 알아야 합니다. 그림책을 통해 간단하게 충치가 생기는 과정을 배웠다면, 이번 활동에서는 치아 구조의 명칭을 정확히 알고 충치가 발생하는 과정을 자세히 배웁니다.

① 교사는 '충치요괴 산'과 충치 발생 과정이 담긴 활동지를 학생들에게 나눠 주고, 학생들은 가위와 풀을 준비합니다.
② 교사는 치아의 구조와 명칭에 대해 PPT를 통해 알려 주고, 충치 발생 과정을 설명하는 동영상을 보여주어 학생들의 이해를 돕습니다. 충치요괴 산에 그림을 붙이기 전에, 먼저 학생들에게 자신이 생각하는 충치 발생 과정의 단계를 활동지에 연필로 표시하도록 합니다.
③ 교사와 함께 결과물을 점검한 뒤 틀린 부분은 수정하도록 합니다.
④ 마지막으로 충치 발생 과정의 4단계 그림에서 충치균의 침범 부위를 색칠한 후 잘라서 충치요괴 산 활동지 번호에 맞게 붙이도록 합니다.

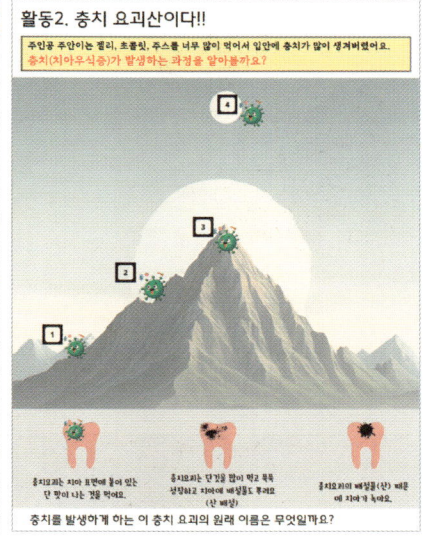

 수업 Tip

충치 진행 과정에 대한 영상은 보건복지부와 한국건강증진 개발원에서 제작한 〈내 입속에 하얀 충치가 살고 있다고〉를 참고할 수 있습니다.

〈내 입속에 하얀 충치가 살고 있다고〉

활동3. 건강한 치아 관리 습관 통장 만들기

건강한 치아를 관리하기 위해서는 올바른 칫솔질과 치아에 좋은 음식을 먹는 등의 습관을 형성하고 이를 꾸준히 실천하는 것이 중요합니다. 이 활동을 통해 학생들은 보다 흥미롭게 치아 관리 습관을 쌓을 수 있습니다.

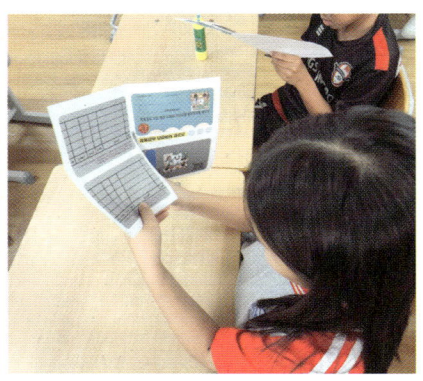

1) 활동지 반으로 접기
2) 반으로 접은 선 따라 가위로 오리기

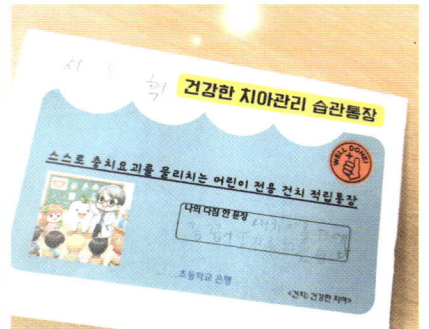

3) 내지와 표지 구분하여 풀로 붙이기
4) 완성된 통장 표지에는 이름, 내지에는 실천 사항 기록하기

① 교사는 치아 모형을 준비하여 올바른 칫솔질을 시범으로 보여 줍니다. 이때 학생들이 잘 이해했는지 확인하는 것이 매우 중요합니다.

② 그다음 실제 통장처럼 생긴 건강한 치아 관리 습관 통장의 도안을 제공합니다. 학생들은 통장 표지에 자신의 이름과 실천을 위한 다짐 한 문장을 적습니다.

③ 통장 내지에는 날짜, 실천한 사항, 잘한 점, 못한 점, 노력할 점 등을 스스로 기록하도록 합니다. 교사는 실천 사항을 적기 어려워하는 학생들을 위해 미리 그림책 속의 내용을 포함한 실천 사항 목록의 예시를 만들어서 보여 주는 방법도 있습니다.

④ 확인은 보호자, 담임 교사, 보건 교사 등을 통해 받도록 하며, 일주일 단위나 월 단위로 실천을 잘하는 학생에게는 칭찬과 보상을 통해 격려합니다. 단순히 활동의 유무를 표시하는 것이 아니라, 자기 점검을 통해 잘하고 있는 점은 더욱 강화하고 부족한 점은 개선할 수 있도록 하여 실제로 건강한 치아를 관리하는 데 도움이 되도록 합니다.

건강한 체중 관리
건강한 체중을 유지해요!

　같은 몸무게라도 체성분에 따라 사람의 체형은 천차만별입니다. 건강한 식습관을 실천하고 운동을 꾸준히 하는 사람은 근육량이 많아 체형이 더 날씬해 보입니다. 반면, 몸무게는 적더라도 건강하지 않은 식습관을 유지하거나 운동을 하지 않는다면, 내장 주변에 지방이 많이 분포되어 복부에 살이 튀어나온 마른 비만 체형이 될 수 있습니다. 이처럼 건강한 체중은 단순히 몸무게가 기준이 아니라, 근육과 지방의 비율이 적절한 상태를 의미합니다. 그러나 학생들은 저마다 다른 기준으로 건강한 체중을 정의하기도 합니다. 어떤 학생은 TV에 나오는 마른 연예인의 몸을 동경하며 지방이 거의 없고 뼈가 드러나게 마른 몸이 적절한 체중이라고 생각하기도 합니다. 이런 동경은 학생들 사이에서 과도한 체중 조절을 유발하며, 먹고 토하는 행동을 유행시키기도 했습니다. 반면, 비만 학생은 "저희 할머니가 어른이 되면 살이 다 키로 간다고 했어요."라며 체중 조절에 전혀 신경 쓰지 않기도 합니다. 청소년기의 저체중 또는 비만은 성장에 악영향을 줄 수 있으므로, 건강한 체중이 무엇인지 정확하게 이해하는 것이 매우 중요합니다.

추천 대상	초등학교 5~6학년
수업 주제	질병 예방 교육 - 건강한 체중 관리
학습 목표	건강한 체중 관리 계획을 세우고, 건강한 체중 유지 방법을 실천할 수 있다
활동	1) 체형 차이 알아보기 2) 운동 계획 세우고 페트병으로 운동하기 3) 건강한 체중 유지 계획 팔찌 만들기

 함께 읽은 책

『살은 왜 찌나요?』

서영석 글, 황하석 그림, 리잼, 2016

주인공 건우는 숨바꼭질하다가 의자 아래에 숨게 됩니다. 건우는 술래가 자신을 발견하자 놀라서 벌떡 일어났지만, 큰 몸이 의자에 꽉 끼여 버리고 맙니다. 몸이 쉽게 빠지지 않아 건우는 부끄럽고 속상했습니다. 결국 병원에 가서 의사 선생님의 도움으로 의자를 빠져나왔고, 의사 선생님은 다시는 의자에 끼지 않도록 적절한 체중 관리 방법을 알려 주었습니다. 그 방법은 바로 균형 잡힌 식단과 규칙적인 운동을 하는 것이었습니다. 책의 마지막에는 부모님을 위한 소아 비만 관련 설명글도 포함되어 있습니다. 이 부분을 요약하여 학생들에게 설명해 준다면, 건강한 체중 관리의 필요성을 더 잘 느낄 수 있을 것입니다.

활동 1. 체형 차이 알아보기

그림책 수업을 하기에 앞서 비만의 종류에 대해 알아봅니다. 학생들은 흔히 덩치가 크면 비만이라고 생각합니다. 하지만 체중이 정상 범위여도 체성분에 따라 마른 비만으로 분류되는 경우도 있습니다. 이번 활동을 통해 학생들은 몸무게가 아니라, 체성분 중 근육과 지방의 비율이 더 중요하다는 것을 알게 됩니다.

① 학생들에게 활동지와 크기가 다른 두 종류의 원형 스티커(16mm, 9mm)를 나누어 줍니다. 두 스티커 중 크기가 큰 스티커는 지방을 의미하고, 작은 스티커는 근육을 의미한다고 설명합니다.

② 이후 활동지에 적힌 순서대로 첫 번째 캐릭터에는 근육 스티커 10개, 두 번째 캐릭터는 근육 스티커 5개와 지방 스티커 5개, 세 번째 캐릭터에는 지방 스티커 10개를 붙이도록 합니다. 스티커를 다 붙였다면 스티커를 따라 몸통을 그리는 활동을 합니다.

③ 같은 몸무게라고 하더라도 근육 10개와 지방 10개로 이루어진 사람은 체형이 차이가 있을 수 있음을 가시적으로 볼 수 있습니다.

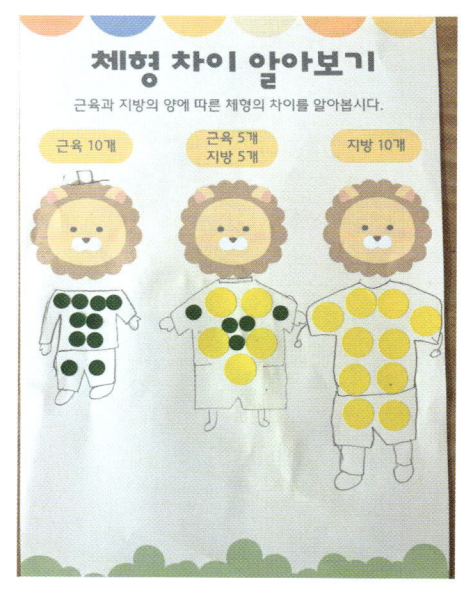

활동 2. 운동 계획 세우고 페트병으로 운동하기

꾸준한 운동의 중요성을 깨달은 주인공처럼 학생들도 운동 계획을 세우고 실천하기 위한 활동입니다. [활동 1]을 통해 학생들은 비만이 단순히 몸무게가 중요한 것이 아니라, 몸 안의 체성분을 균형 있게 조절하는 것이 중요하다는 사실을 알게 되었습니다. 따라서 학생들은 근육을 증가시키는 근력 운동의 필요성을 깨닫게 됩니다. 이와 연결하여 이번에는 아령을 활용한 근력 운동 방법을 배웁니다.

① 교사는 학생들에게 500mL 생수병을 두 개씩 나눠 줍니다. 생수병을 아령으로 활용하면 다양한 동작으로 운동할 수 있습니다.
② 아령을 양손에 들고, 팔을 몸 옆에 둔 상태에서 덤벨을 천천히 어깨 쪽으로 들어 올리고 내리는 '덤벨 컬', 양손에 덤벨을 들고 한 발을 앞으로 내디디며 무릎을 굽혀 런지 자세를 취하는 '덤벨 런지' 등 다양한 동작을 함께 해 봅니다. 인터넷에 있는 다양한 아령 운동 동영상을 활용하거나 교사가 몇 가지 동작을 선택하여 시범을 보여준 후 학생들이 따라 해볼 수 있도록 합니다.
③ 수업 시간에 아령을 들고 할 수 있는 운동 방법을 알아보았다면, 수업 이후 페트병에 물이나 흙을 넣어 자신에게 맞는 적절한 무게의 페트병 아령을 만들어 자투리 시간에 꾸준히 운동할 수 있도록 지도합니다.

활동 3. 건강한 체중 유지 계획 팔찌 만들기

그림책에서 알게 된 내용과 기존에 알고 있던 지식을 활용하여 건강한 체중 유지를 위한 실천 계획 팔찌를 만드는 활동입니다. 학생들은 팔찌를 보며 자신의 실천 계획을 되새기고, 건강한 체중 유지를 위한 목표를 다짐해 볼 수 있습니다.

① 교사는 포스트잇, 길게 자른 색지(A4 색지 3.5cm 간격으로 자르기), 원형 찍찍이(20mm), 가위를 준비합니다. 학생들은 아령 운동 3세트 하기, 현미밥 먹기, 피자 먹지 않기 등 수업을 통해 배운 내용이나, 기존에 알고 있던 건강한 체중을 유지하는 방법 3가지를 포스트잇에 작성하는 시간을 갖습니다.

② 작성을 마치면 교실 곳곳에 작성한 포스트잇을 붙이도록 합니다. 이때 포스트잇은 친구들이 잘 볼 수 있는 곳에 붙이도록 지도합니다. 이후 학생들은 교실 곳곳을 돌아다니며 다른 친구들이 적은 내용을 확인하고, 자신이 실천하고 싶은 방법 2가지를 선택합니다.

③ 팔찌를 만들기 위해 색지를 손목에 둘러본 후 자기 손목 크기에 맞게 길이를 잘라 줍니다. 색지에 내가 실천할 방법 2가지를 적고 양 끝에 원형 찍찍이를 붙여 팔찌를 연결합니다.

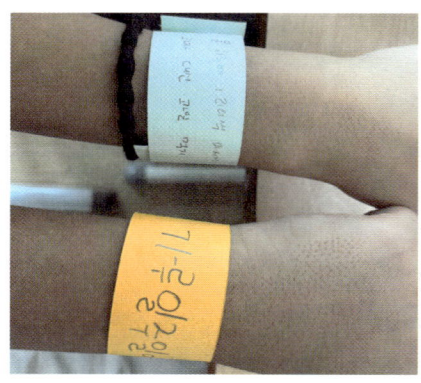
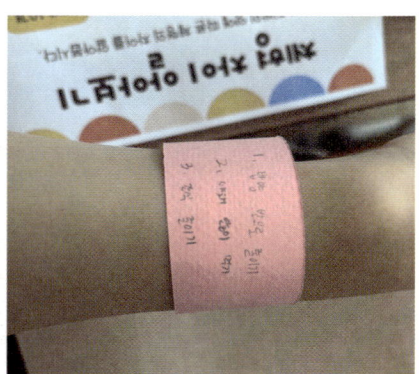

체형 불균형 예방
비뚤로 앉으면 어떻게 될까요?

　체형 불균형의 대표적 질환인 척추옆굽음증은 사춘기가 시작되기 전인 10세 전후에 가장 많이 발생한다고 알려져 있습니다. 척추옆굽음증은 척추가 옆으로 휘어지거나 양쪽 어깨와 골반의 높이가 다른 경우를 말합니다. 성장기에 발생하는 척추옆굽음증은 성장기가 끝날 때까지 계속 진행되기 때문에 조기에 발견하는 것이 매우 중요합니다. 아직 원인이 밝혀지지 않은 특발성 척추옆굽음증을 제외하고, 기능성 척추옆굽음증은 대부분 바른 자세와 운동만으로도 교정이 가능합니다. 요즘 학생들의 모습을 자세히 살펴보면, 스마트폰과 태블릿 PC 등 스마트 기기의 장시간 사용으로 인해 근골격계 질환이 증가하고 있습니다. 또한 학년이 올라갈수록 책상에 앉아서 공부하는 시간이 점점 늘어나고, 학교를 마친 후 학원에서도 많은 시간을 책상에 앉아서 보내게 됩니다. 따라서 체형이 형성되는 소아·청소년 시기 동안 일상생활 속에서 바른 자세를 유지하고 스트레칭을 통해 올바른 생활습관을 형성하는 것이 중요합니다.

추천 대상	초등학교 1~6학년
수업 주제	질병 예방 교육 - 체형 불균형 예방
학습 목표	일상생활 속에서 체형 불균형을 예방하는 바른 자세를 실천할 수 있다
활동	1) 나의 팔, 다리 길이를 비교해 봐요! 2) 척추 건강 운동하기 3) '○○이의 결심' 미니북 만들기

 함께 읽은 책

『삐뚜로 앉으면』

이윤희 글, 손지희 그림, 다림, 2018

바른 자세를 하지 않으면 우리 몸이 어떤 신호를 보내고 어떻게 변하게 되는지를 쉽게 이해할 수 있도록 재미있는 그림을 통해 알려주는 책입니다. 내용을 다 읽고 나면 책 뒷면에서 '왜 바르게 서야 할까요?', '무엇이 바른 자세일까요?' 등 일상생활 속에서 바른 자세를 해야 하는 이유를 설명해 줍니다. 또한 '키 크게' 놀이, 책장 놀이, '번데기-나비' 놀이 등 쉽고 재미난 바른 자세 만들기 놀이를 소개하여, 학생들이 간단한 책 놀이를 할 수 있는 특징이 있습니다. 이 그림책을 활용한 수업 활동을 통해 학생들은 올바른 생활 습관을 형성하고, 건강한 신체로 성장할 수 있을 것입니다.

활동 1. 나의 팔, 다리 길이를 비교해 봐요!

그림책을 함께 읽으면서, 주인공이 바르지 못한 자세를 했을 때 나타나는 신체적 변화를 보고 자신의 경험을 이야기해 보도록 합니다. 저학년보다는 고학년으로 올라갈수록 어깨, 허리 통증, 두통 등 자신이 겪은 다양한 증상을 말하게 됩니다.

① '고개를 숙이고 휴대 전화만 들여다보면 거북이처럼 목이 앞으로 쑤욱!' 하는 장면에서 스마트폰을 사용할 때 자신의 자세를 직접 재연하고 불편한 증상이 있는지, 이런 자세를 계속 유지하면 우리 몸이 어떻게 변하게 되는지 이야기 나눕니다.

② 똑바로 누워 다리 길이를 비교하는 그림책 장면을 읽고, 학생들에게 짝과 함께 할 수 있는 등심대 검사법(척추옆굽음증을 확인하기 위한 기본 검사)을 안내합니다. 이때 등심대 검사 방법 관련 동영상을 보여 주거나 교사가 시범을 먼저 보인 후, 짝과 함께 검사를 진행하도록 합니다.

③ 짝과 함께 활동할 때는 3단계를 한꺼번에 실시하지 않고, 단계에 따라 순차적으로 안내하여 정돈된 분위기 속에서 검사를 시행할 수 있도록 합니다.

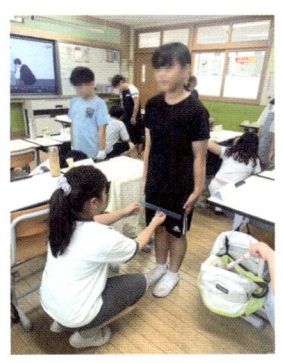 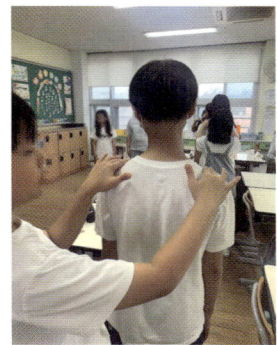 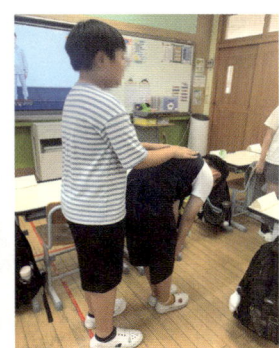

 **수업 Tip**

척추옆굽음증 자가 진단 검사에서 이상이 나온 친구를 놀리거나, 장난스럽게 참여하지 않도록 지도합니다. 학교에서 실시하는 등심대 검사는 정밀 검사가 아니므로, 이상이 발견된 경우 반드시 전문의의 진료를 받아야 한다고 설명합니다.

활동 2. 척추 건강 운동하기

그림책에 나오는 '번데기-나비' 동작과 '가슴 펴기' 동작은 오랜 시간 책상에 앉아 있는 학생들의 거북목과 굽은 등을 교정해 주는 좋은 운동입니다. 체형 불균형을 예방하기 위해 아침 특색 활동 시간이나 쉬는 시간에 틈틈이 스트레칭을 할 수 있도록 격려해 줍니다.

① '번데기-나비' 동작은 양손을 머리 뒤로 올려 깍지를 끼고, 등을 구부리면서 팔꿈치를 앞으로 모아준 채로 시작합니다. 그다음 모았던 양쪽 팔꿈치를 귀와 수평이 되도록 펼쳐 주고, 동시에 가슴을 펴면서 천장을 바라봅니다. 이 동작을 10번 반복합니다.

② 그다음으로 '가슴 펴기'는 양손을 펴고 허리 뒤로 깍지를 낀 채 시작합니다. 시선은 정면을 바라보고, 천천히 깍지 낀 손을 엉덩이에서 허리 뒤로 천천히 들어 올립니다. 이 동작은 굽은 등을 펴 주는 좋은 자세로, 15초 동안 유지합니다. 척추 건강 운동은 길게 한 번 하는 것보다 5분 정도로 짧게, 자주 시행하는 것이 많은 도움이 됩니다.

💊 수업 Tip

체형 불균형을 예방하기 위해 각 시도 교육청에서 제작한 동영상은 학생들 눈높이에 맞춘 설명으로 되어 있어, 이를 활용하면 학생들이 척추 건강 운동 방법을 쉽게 따라 할 수 있습니다.

활동 3. 'OO이의 결심' 미니북 만들기

올바른 생활 습관을 형성하기 위해 'OO이의 결심' 미니북을 만들어 보는 활동입니다.

① A4 종이 3장을 준비하여 한 장씩 반으로 접어 총 6면이 되도록 겹쳐 줍니다. 겹친 6면의 왼쪽 끝부분을 스테이플러로 고정해 종이가 빠지지 않도록 합니다. 앞표지에는 'OO이의 결심' 제목을 적고, 지은이란에 자신의 이름을 적습니다.
② 간단하게 표지를 꾸민 후, 본문에는 나의 목표, 다짐, 구체적인 실천 방법, 바른 자세 방법 등을 적고 미니북을 예쁘게 꾸밉니다.

③ 친구나 가족 등에게 제작한 미니북을 보여 주고 잘 보이는 곳에 비치하면 스스로 건강한 척추 만들기를 위해 노력하는 분위기가 자연스럽게 형성됩니다.

🔵 수업 Tip

'○○이의 결심' 미니북을 만들 때, 경상남도교육청에서 제작한 체형 불균형 예방 그림책 『임금님의 결심』을 참고하면 미니북 본문 작성에 도움을 줄 수 있습니다. 해당 자료는 경상남도교육청 홈페이지에서 무료로 열람할 수 있습니다.

『임금님의 결심』

감염병 예방
감기에 걸리지 않으려면?

　우리 주변에서 가장 쉽게 살펴볼 수 있는 감염병으로 '감기'가 있습니다. 특히 일교차가 커지는 계절이 되면 보건실에는 어김없이 감기에 걸린 학생들이 빈번하게 방문합니다. 물론 환절기에 이런 학생들의 방문이 더욱 많아지지만, 여름철에 감기에 걸리는 학생들도 적지 않습니다. 감기는 날씨의 영향도 있지만, 근본적으로 개인 면역력이 더 큰 문제로 작용합니다. 큰 일교차로 우리 몸이 온도 변화에 잘 적응하지 못하거나, 스트레스로 인해 면역력이 떨어지면 감기에 걸리기 쉽습니다. 따라서 감기에 자주 걸리는 학생들은 감기 예방법을 알아둘 필요가 있습니다. 예방법을 배우고 올바른 생활 습관을 실천한다면, 더욱 건강한 생활을 할 수 있을 것입니다.

추천 대상	초등학교 1~6학년
수업 주제	질병 예방 교육 - 감염병 예방
학습 목표	감기에 걸리는 이유를 알고, 감기 예방법을 글로 표현할 수 있다
활동	1) 공통점 찾기 퀴즈 2) 감기 경험 릴레이 발표 3) 감기 책 만들기

 함께 읽은 책

『감기책』

천미진 글, 이지은 그림, 키즈엠, 2015

주인공 웅이가 어쩌다 감기에 걸렸는지 코, 손, 목 등 신체 부위들이 서로의 이야기를 늘어놓습니다. 모두가 자기 때문에 감기에 걸린 것은 아니라고 합니다. '손'은 놀이터에 다녀와서 깨끗이 씻었다고 하고, '머리'는 웅이가 아이스크림을 하나 더 먹으려는 걸 막았다고 합니다. 목이 따끔거리고 열이 난 웅이는 결국 엄마와 함께 병원에 가서 주사를 맞고서야 건강한 모습으로 돌아오게 됩니다. 감기에 걸리는 원인, 증상, 예방법, 치료에 관한 내용이 모두 담긴 그림책을 읽다 보면 학생들은 자연스럽게 감기에 대해 배우게 됩니다. 감기 예방법을 이론으로만 아는 것이 아니라, 이를 습관처럼 실천하여 학생들의 건강한 생활에 기초가 되기를 바랍니다.

활동 1. 공통점 찾기 퀴즈

책을 읽기 전 교사는 오늘 학습의 동기 유발을 위해 공통점 찾기 퀴즈를 진행합니다. 학생들에게 단어나 그림을 하나씩 보여 주면서 연상되는 주제어 두 글자를 맞히게 하는 활동입니다. 주제로 다루는 감기는 학생들에게도 친숙한 감염병이므로 이해를 돕기에 좋습니다.

① 교사는 『감기책』에서 감기와 관련된 단어나 그림을 골라 미리 PPT나 스케치북을 활용해 준비합니다. 예를 들면 얼음주머니, 화장지, 체온계, 주사기, 병원 등이 있습니다.
② 준비한 그림이나 단어를 한 번에 다 보여 주지 말고, 한 장씩 보여 주면서 연상되는 두 글자를 말해 보게 합니다. 교사는 학생들이 추측한 단어를 칠판에 적고 정답이 나올 때까지 계속합니다. 초반에는 오답이 나올 수 있지만, 점차 진행될수록 단어들 사이의 공통점을 찾아내어 '감기'라는 정답이 나오게 됩니다.

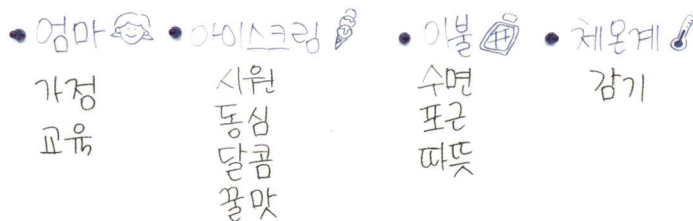

활동 2. 감기 경험 릴레이 발표

그림책을 읽은 후에는 학생들과 함께 주인공 웅이가 감기에 걸린 이유에 대해 유추해 봅니다. 이어서 각자 자신의 감기 경험을 이야기합니다. 이 과정을 통해 학생들은 서로의 경험을 공유하며, 감기에 걸리는 이유에 대해 더 깊이 이해하게 될 것입니다.

① 감기에 걸린 이유를 발표하고 싶은 친구들은 모두 자기 자리에서 서도록 합니다. 돌아가면서 자신이 감기에 걸리게 된 이유를 릴레이 방식으로 발표합니다. 이때 마이크를 사용할 수 있습니다.
② 발표가 끝난 학생은 이어달리기 배턴처럼 다음 학생에게 마이크를 전달합니다. 이렇게 하면 발표를 듣는 학생들도 지금 누가 발표를 하고 있는지 집중하게 되는 장점이 있습니다. 다른 학생이 자신이 발표할 내용과 같은 내용을 먼저 발표했다면 자리에 앉도록 설명합니다.
③ 발표가 다 끝나면 교사는 감기에 걸리는 이유에 대해 정리해 줍니다.

활동 3. 감기 책 만들기

직접 실천할 수 있는 감기 예방법을 담아 감기 책을 만드는 활동입니다.

① 그림책 주인공이 감기를 예방하기 위해 어떻게 행동했는지 먼저 확인합니다. 깨끗하게 손 씻기, 차가운 아이스크림 먹지 않기, 몸을 따뜻하게 하기, 일찍 자기, 아프면 병원에 가기 등 책에 있는 감기 예방 내용을 함께 이야기해 봅니다.
② 책에 없는 좋은 감기 예방법이 무엇인지 발표해 봅니다. 감기에 좋은 음식, 습관 등도 구체적으로 함께 살펴보며 칠판이나 TV 화면을 활용해 학생들이 한눈에 볼 수 있도록 내용을 정리해 줍니다.

③ A4 종이로 미니북을 접어 표지를 꾸미고 각 페이지에 감기에 걸리지 않는 방법을 하나씩 써서 책을 완성합니다.

> 🔵 **수업 Tip**
>
> A4 종이로 미니북을 접어 감기 책을 만들 수도 있지만, 스크랩북을 활용하여 만들 수도 있습니다. 판매되고 있는 스크랩북의 경우 페이지 수가 다 달라서 수업의 목적에 맞게 적합한 것을 선택하면 좋습니다. 스크랩북으로 만들면 조금 더 그림책 같은 느낌을 줍니다.

알레르기
나도 알레르기인가요?

알레르기 질환의 정확한 원인은 밝혀지지 않았지만, 개인의 면역 체계와 유전적 요인, 환경적 요인이 큰 영향을 미칩니다. 알레르기 유발 물질에 노출되면 기침, 재채기, 피부 발진 등의 불편한 증상이 나타나며, 이러한 증상이 지속되면 삶의 질이 저하될 수 있습니다. 실제로 학교에서 매년 학기 초에 실시하는 건강 기초 조사 결과에서도 알레르기 관련 질환을 앓고 있는 학생들을 많이 발견합니다. 학교에서 흔히 볼 수 있는 알레르기 질환으로는 아토피 피부염, 알레르기 비염, 알레르기성 결막염, 천식, 식품 알레르기가 있습니다. 이러한 질환들은 생활 습관 개선과 꾸준한 관리가 매우 중요하며, 관리가 소홀해지면 증상이 악화돼 어려움을 겪는 학생들이 종종 발생합니다. 학교 보건실을 찾는 학생 중에는 피부 상태가 심각하여 병원 치료를 받아야 하는 일도 있습니다. 따라서 초등학생 시절부터 알레르기 관련 질환을 올바르게 이해하고 예방하는 방법, 스스로 관리하는 방법을 지속적으로 교육하는 것이 매우 중요합니다.

추천 대상	초등학교 3~6학년
수업 주제	질병 예방 교육 - 알레르기
학습 목표	알레르기 질환의 주요 증상을 이해하고, 예방 및 관리 방법을 설명할 수 있다
활동	1) 사다리 타기 게임 2) 예방 수칙 체크리스트 작성하기 3) 모빌 책 만들기

 함께 읽은 책

『간지러사우루스』

로지 웰레슬리 글·그림, 김지연 옮김,

보라빛소어린이, 2024

티라노사우루스는 피부 간지러움 때문에 자신을 '간지러사우루스'라고 부릅니다. 이 공룡은 의사인 오리너구리 빌에게 '티라노-습진(아토피피부염)'이라는 진단을 받습니다. 매우 다정하고 친절했던 간지러사우루스는 어느 날부터 온몸이 붉게 변하고 가려움이 그치지 않아 급기야 잠조차 잘 수 없게 되자 난폭해지기 시작합니다. 빌 의사의 도움을 받아 깨끗한 원래 피부로 돌아가겠다고 스스로 약속을 지키는 간지러사우루스의 모습이 기특합니다. 책에 나오는 피부 증상을 읽으면서 나의 피부 상태를 점검해 보고, 알레르기 관련 질환으로 어려움을 겪는 친구를 이해하는 데 도움을 줄 수 있습니다. 간지러사우루스가 노력하는 모습을 통해, 피부 질환이 있을 때 병원에서 정확한 진단을 받고 꾸준히 관리하면 증상이 개선

될 수 있다는 점도 알게 됩니다.

활동 1. 사다리 타기 게임

교사와 함께 책을 읽은 후, 알레르기 관련 증상에 관한 사다리 타기 게임을 합니다. 학생들은 이번 활동을 통해 알레르기 관련 질환의 증상을 훨씬 더 쉽고 정확하게 이해할 수 있을 것입니다.

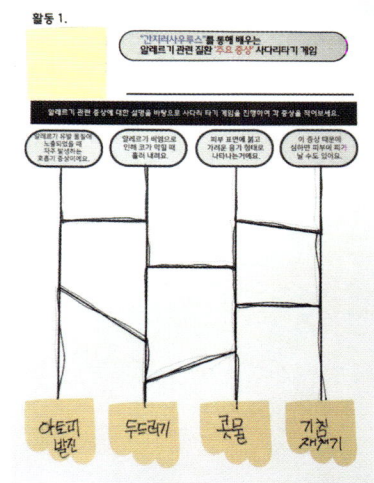

① 학생들은 사다리 타기 게임의 활동지에 자신이 선택한 사다리를 타고 내려가서 나온 칸에 해당 설명에 맞는 알레르기 증상을 적습니다.

② 학생들이 각각의 증상을 다 쓰고 나면 교사는 올바른 답을 썼는지 확인합니다. 사다리 타기에 익숙하지 않은 학생이 있다면, 칠판에 직접 시범을 보여 주며 수업을 진행합니다.

> 🟡 **수업 Tip**
>
> 알레르기 관련 증상 사다리 타기 게임은 '사다리 타기 빙고 게임'으로 변형하여 진행해도 되고, '사다리 타기 후 몸으로 말해요' 활동을 통해 각 증상을 몸으로 표현하는 더욱 흥미로운 수업도 가능합니다.

활동 2. 예방 수칙 체크리스트 작성하기

증상에 따른 예방 수칙 체크리스트를 작성합니다. 이는 학생들이 스스로 건강을 관리할 수 있는 능력을 기르는 데 도움을 줍니다.

① 체크리스트의 내용은 학생들이 실천할 수 있는 간단한 항목들로 작성하는 것이 중요합니다. 주요 예방 수칙 중에서 꼭 알아야 할 부분을 빈칸으로 만들어 작성합니다.

② 작성한 후에는 빈칸에 들어갈 내용이 맞는지 확인하고 모두 함께 내용을 읽어 보며 실천을 다짐합니다. 또한 어떻게 실천할 것인지에 대한 방법을 반 친구들 앞에서 발표하면서 활동을 마무리합니다. 활동을 마치고 나면 나만의 '알레르기 관련 질환 예방 수칙 체크리스트'가 완성될 것입니다.

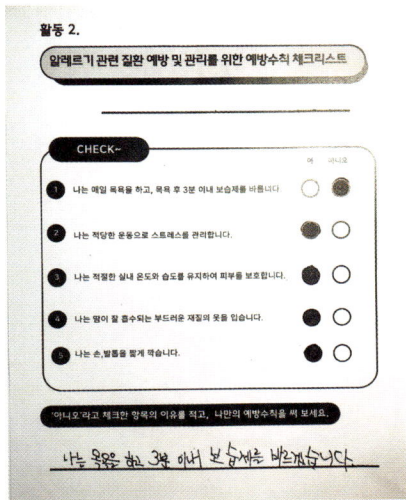

활동 3. 모빌 책 만들기

모빌 책 만들기를 통해 알레르기 질환에 대한 전반적인 수업 내용을 정리해 봅니다. 이 활동을 마친 후, 마지막 장에 있는 알레르기 질환 예방을 위한 서약서를 함께 읽어 보고, 이를 교실이나 집에 걸어 놓아 수시로 보면서 알레르기 질환에 대한 이해를 더욱 높이도록 합니다.

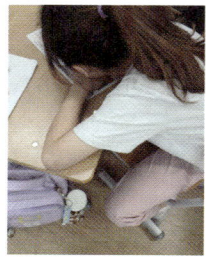 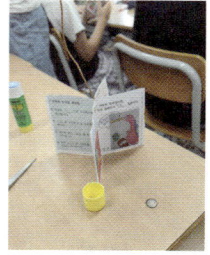 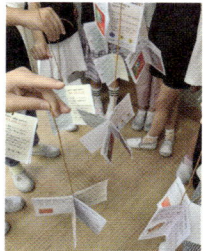

1) 활동지 작성하기   2) 두 칸씩 자르기   3) 활동지 접기   4) 끈 연결하기

① 교사는 모빌 책 도안을 학생들에게 나눠 줍니다. 학생들은 이 활동지에 알레르기 질환의 정의와 예방 및 관리 방법 등을 작성한 후, 두 칸씩 자릅니다.

② 그다음 활동지를 모두 안으로 접고 모빌 줄을 테이프로 고정한 뒤, 빈 면을 순서대로 풀로 붙입니다. 마지막으로 모빌 책을 걸 수 있도록 끝부분을 동그랗게 테이프로 한 번 말아 줍니다.

💊 수업 Tip

활동지를 이용하여 병풍 책이나 미니북 등 다양한 형태의 결과물을 만들 수 있습니다. 수업 시간을 고려하여 적절한 활동을 선택하는 것이 좋습니다.

응급 처치
응급 처치, 나도 할 수 있어!

　응급 상황은 예상치 못한 곳에서 갑작스럽게 발생합니다. 올바른 응급 처치는 손상 진행을 막아 빠른 회복을 돕지만 부적절한 응급 처치는 오히려 상태를 악화시키고 치료를 지연시킬 수 있습니다. 심폐 소생술, 하임리히법처럼 신속하게 하지 않으면 생명이 위험한 상황의 응급 처치도 있지만, 학생들이 평소에 겪을 수 있는 찰과상, 타박상, 염좌, 골절, 화상, 코피 등에 대한 생활 속 응급 처치도 있습니다. 보건실 방문 통계를 보면 주로 체육 시간에 넘어져서 생긴 찰과상이나 열상, 발목 염좌로 오는 학생들이 많습니다. 주변에 도움을 청할 어른이 없고 스스로 처치해야 하는 때도 있으므로 사전에 응급 처치 교육을 통해 학생들이 적절하게 대처할 수 있도록 해야 합니다. 이번 수업을 통해 학생들이 생활 속 올바른 응급 처치를 배우고, 자신뿐만 아니라 사랑하는 가족이나 친구가 다쳤을 때 침착하게 대처하며 도움을 줄 수 있는 사람으로 성장하길 기대해 봅니다.

추천 대상	초등학교 5~6학년
수업 주제	질병 예방 교육 - 응급 처치
학습 목표	응급 상황에 맞는 올바른 응급 처치 방법을 시연할 수 있다
활동	1) 구급상자로 응급 처치 배우기 2) 우리 학교 응급 처치 맵 만들기 3) 협동 응급 처치 사다리 게임

 함께 읽은 책

『응급 처치가 필요해!』

최옥임 글, 송하완 그림, 아르볼, 2016

『응급 처치가 필요해!』는 손을 다친 엄마가 치료를 위해 구급상자를 꺼내면서 시작됩니다. 주인공 가족이 구급상자 속 약품을 살펴보며 약품을 사용했던 추억을 회상하고, 아이들이 자라면서 경험했던 생활 속 응급 상황을 대화로 친근하게 제시하고 있습니다. 그림책에 나오는 내용은 「학교 안전 교육 7대 표준안」과 '학교생활 안전 매뉴얼' 앱을 기초로 구성되어 학생들이 생활 속 응급 처치 영역에서 학습해야 하는 내용을 모두 포함하고 있습니다. 또한, 약품들이 묶음으로 표현되어 있어 상황별 응급 처치 약품을 떠올리고 기억하는 데 도움이 됩니다. 이 책을 읽으면서 학생들은 생활 속에서 겪을 수 있는 응급 상황을 떠올려 보고, 만약 나에게 응급 상황이 생겼다면 구체적으로 어떤 처치를 하면 될지 스스로 생각해 보는 시간을 가져 봅니다.

활동 1. 구급상자로 응급 처치 배우기

그림책에서 엄마와 딸은 구급상자를 함께 살펴보며 구급상자 준비, 관리 방법, 생활 속 응급 처치 요령에 관해 이야기를 나눕니다. 해당 장면에서 실제 구급상자와 교사 시범을 보면서 이를 통해 응급 처치를 배우는 시간입니다.

① 학생들에게 실제 구급상자를 보여 주고 그림책 속 이야기를 따라 생활 속 응급 처치 방법을 설명합니다. 예를 들어 주인공이 손에 가시가 박혀 상처가 났을 때 사용한 소독약, 밴드, 거즈 등의 구급약품을 꺼내 보여 주고 응급 처치 요령을 시범으로 보여 줍니다.

② 생활 속 응급 처치는 다양한 사례와 처치 방법을 배우기 때문에 내용이 많아 학생들이 헷갈릴 수 있습니다. 생활 속 응급 처치법이 정리된 유인물을 학생들에게 나눠 주고 함께 보면서 설명을 듣도록 합니다.

③ 생활 속 응급 처치를 배운 후에는 유인물을 보면서 중요한 내용을 질문하며 정리합니다.

> 🔴 **수업 Tip**
>
> 그림책 속 장면 중 소독약은 우리가 흔히 빨간약이라고 부르는 '베타딘 제재 소독약'을 연상시킵니다. 베타딘 제재 소독약은 피부 정상 조직까지 손상시킬 수 있어 심한 오염 부위 이외에는 사용하지 않습니다. 일상에서 생긴 상처는 모래, 먼지 등이 상처에 남지 않도록 흐르는 물이나 생리식염수로 깨끗하게 씻는 것이 가장 중요하다는 점을 학생들에게 알려 줍니다.

활동 2. 우리 학교 응급 처치 맵 만들기

학교에서 발생할 수 있는 응급 상황 가상 시나리오를 생각해 보고 학교 지도에 표시하여 응급 처치 맵을 만드는 활동입니다. 이 활동을 통해 학생들은 응급 상황의 대처 역량뿐만 아니라 사고를 예방하기 위한 태도를 기를 수 있습니다. 준비물은 학교 지도(모둠당 1개씩), 빨간색 스티커, 포스트잇, 생활 속 응급 처치법 유인물입니다. 학교 지도를 준비할 때 교내 공간은 층별 배치도를 출력하고, 실외 공간(운동장, 놀이터 등)은 인터넷 지도에서 학교명을 검색, 지도 확대 후 해당 부분을 인쇄하여 사용할 수 있습니다. 또, 학교 지도를 만들 때는 1층, 2층, 실외 공간 등 모둠 수만큼 학교 공간을 나누어 지도를 만들고, 모둠끼리 지도가 중복되지 않도록 합니다.

① 모둠 수에 맞게 출력한 학교 지도를 색 도화지에 붙인 뒤 나누어 줍니다.
② 모둠별로 학교 지도를 확인하고, 지도 속에서 다칠 수 있는 장소를 찾아봅니다.
③ 위험 장소를 빨간색 스티커로 붙여 표시하고 포스트잇에 응급 상황 가상 시나리오(위험 장소, 응급 상황, 응급 처치법)를 작성합니다. 응급 처치법을 작성할 때는 생활 속 응급 처치법 유인물을 참고하여 정확한 대처 방법을 쓰도록 학생들

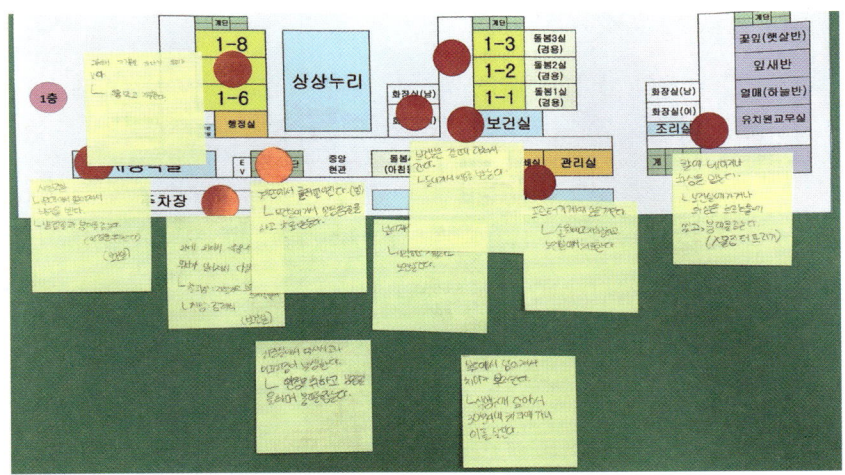

에게 안내합니다. 예를 들어 '2층 복도(장소)에서 넘어져 치아가 부러진다(응급 상황), 부러진 치아를 찾고 식염수에 담가 30분 이내로 치과에 간다(응급 처치법).'로 작성할 수 있습니다.

④ 작성한 포스트잇을 학교 지도 위에 붙여 응급 처치 맵을 완성하고 발표합니다. 학생들에게 응급 처치도 중요하지만 응급 상황을 예방하는 안전한 학교생활이 우선되어야 한다는 점도 알려 줍니다.

🔵 수업 Tip

응급 처치 맵에 작성된 응급 상황 가상 시나리오 중 하나를 선택해 모둠별 상황극으로 표현하고 응급 처치를 실습해 보는 수업을 이어서 진행할 수도 있습니다.

활동 3. 협동 응급 처치 사다리 게임

팀별 응급 처치 사다리 게임을 하면서 상황별 응급 처치를 실습해 보는 활동입니다. 이 활동을 통해 학생들은 응급 상황을 스스로 해결하고 반복적으로 실습해 봄으로써 실제 상황에서도 실천하는 자신감을 키울 수 있습니다. 준비물은 응급 처치 사다리 게임판, 자석 게임 말, 상황별 응급 처치 퀴즈 PPT 자료, 주사위, 실습 구급상자입니다.

① 먼저 전체 반을 4개 모둠으로 나누고 게임 순서를 정합니다.
② 한 팀씩 주사위를 던져 나온 수를 확인하고, PPT 화면에 제시된 상황별 응급 처치 퀴즈를 정확하게 수행했을 때만 게임 말 이동이 가능합니다. 문제를 풀 때는 모든 팀원이 참여해야 하며, 30초 시간제한을 넘지 않아야 합니다. 도움이 필요할 때는 선생님 찬스, 친구 찬스를 팀별로 하나씩 사용할 수 있습니다.
③ 팀별로 순서대로 진행하며 게임 말이 가장 먼저 도착점에 도착한 팀이 우승합니다.

> 💬 **수업 Tip**
>
> [활동 3]은 활동 시간이 25~30분 정도 필요하므로 블록 수업으로 1차시에 [활동 1], [활동 2]를 진행하여 응급 상황과 응급 처치 방법을 학습하고, 2차시에 [활동 3]을 하면서 응급 처치를 직접 실습할 수 있도록 진행합니다.

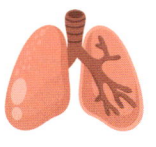

기도 폐쇄
호랭아, 이렇게 하면 위험해!

방송 중 '떡 빨리 먹기 게임'을 하다가 일어난 사고나, 급식으로 나온 방울토마토를 먹다가 발생한 사고 등 가끔 질식 사고에 대한 뉴스를 접하게 됩니다. 기도 폐쇄는 음식물이나 작은 장난감 등의 이물질이 기도를 부분적 또는 완전히 막아 호흡을 방해하는 상태로, 응급 처치가 지연되면 의식을 잃게 되고 심폐소생술을 해야 합니다. 학생 중에는 수업에서 상으로 받거나, 또는 친구가 준 사탕을 먹다가 "사탕이 목에 걸린 것 같아요."라며 보건실을 찾는 경우가 종종 있습니다. 다행히 사탕이 식도로 넘어가 호흡 곤란은 없더라도, 목에 사탕이 걸려 있는 느낌이 있어 불편을 호소합니다. 이처럼 기도 폐쇄는 심각한 호흡 곤란과 청색증을 호소하는 '완전 기도 폐쇄'도 있지만, 일상에서 음식을 먹을 때 겪을 수 있는 '부분 기도 폐쇄'도 있습니다. 이번 수업에서는 기도 폐쇄 정도에 따른 정확한 응급 처치법을 배우고 실습합니다. 이를 통해 응급 상황에 맞닥뜨려도 당황하지 않고 자신과 주위 사람들의 생명을 지킬 수 있다는 자신감을 가지게 될 것입니다.

추천 대상	초등학교 5~6학년
수업 주제	질병 예방 교육 - 기도 폐쇄
학습 목표	기도 폐쇄의 개념과 원인을 알고, 대처 방법을 설명할 수 있다
활동	1) 5초 컷 그림책 이어 그리기 2) 하임리히법 카드 만들기 3) 호랭이에게 엽서 쓰기

 함께 읽은 책

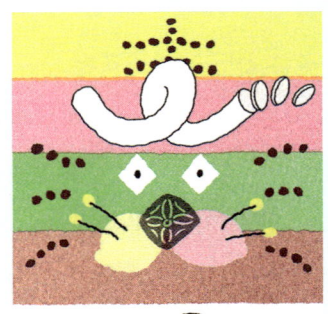

『호랭떡집』

서현 글·그림, 사계절, 2023

2024년 볼로냐 라가치상 수상작인 『호랭떡집』은 우리가 익히 알고 있는 옛이야기의 호랑이 모습을 각색하여, 우연히 먹은 떡 맛에 반한 호랑이가 떡을 만들며 벌어지는 에피소드를 재미있게 풀어낸 그림책입니다. 줄거리만 들으면 기도 폐쇄와 연관 없어 보이지만, 보건 교육의 관점에서 바라보면 일상에서 흔히 일어나는 기도 폐쇄의 위험 사례를 발견할 수 있습니다. 학생들이 좋아하는 색감의 그림과 지옥, 떡 요괴, 염라대왕 등 익숙한 소재들이 재치 있는 글과 어우러져 '기도 폐쇄'라는 무거운 주제를 가볍게 수업할 수 있도록 도와줍니다. 이 그림책을 통해 기도 폐쇄의 위험성을 인식하고, 예방법 및 대처 방법을 재미있게 배울 수 있습니다.

활동1. 5초 컷 그림책 이어 그리기

오늘의 학습 주제를 배우기 전, 주인공 호랭이가 급하게 떡 먹는 장면을 보여 주고 학생들이 다음에 일어날 상황을 릴레이 그림으로 그려 보는 활동입니다.

① 그림책의 한 장면을 칠판에 붙이고, 오늘 배울 주제인 '응급 처치'를 장면 맨 위에 씁니다. 이것을 보고 학생들에게 응급 처치와 관련하여 호랭이에게 어떤 일이 벌어질지 이어지는 장면을 상상해 보도록 합니다. 상상한 것을 그림으로 표현하고 싶은 학생은 손을 들도록 합니다.

② 손을 든 학생 4명이 나와 그림을 그릴 순서를 정하고 순서대로 칠판 앞에 서서 준비를 합니다.

③ 첫 번째 학생이 5초 동안 칠판에 그림을 그립니다. 그동안 나머지 학생들은 함께 5초를 잽니다. 이어서 다음 학생이 먼저 그린 그림을 보고 이어지는 장면을 떠올리면서 그림을 그립니다.

④ 4명의 학생이 모두 그림을 그린 후 완성된 그림을 보고 이야기를 만들어 봅니다. 5초라는 시간 안에 그림을 완성하기 위해 학생들은 스릴감을 느끼며 재미있게 활동을 이어 나갑니다. 또한, 수업하기 전에 기도 폐쇄 응급 처치에 대한 사전 지식 정도나 잘못 알고 있는 지식은 없는지 확인할 수 있습니다.

⑤ 그림책을 보며 본격적으로 이야기를 나눕니다. "떡을 급하게 먹거나, 누워서 먹다가 목이 걸린 적 없었나요?", "가래떡을 잘라 먹지 않고 통째로 먹을 때 어떤 일이 일어날까요?"와 같은 질문을 통해 각자 경험을 이야기해 볼 수 있도록 유도합니다. 이를 통해 친구들의 이야기에 공감하며 자연스럽게 수업 주제에 대한 흥미를 유발할 수 있습니다. 그다음 기도 폐쇄가 주로 발생하는 원인, 기도를 완전히 막았을 때, 부분적으로 막았을 때 증상과 처치에 대해 알아봅니다.

활동 2. 하임리히법 카드 만들기

[활동 1]에서 호랭이가 떡 먹는 장면에 이어 그린 그림을 보면서 기도 폐쇄 응급 처치에 관해 알아봅니다. 만약 호랭이가 숨을 헐떡이며, 말을 할 수 있고, 기침을 한다면 떡이 기도를 부분적으로 막은 상태로 호랭이에게 강하게 기침하도록 유도해야 합니다. 만약 호랭이가 말도 못 하고 얼굴과 입술이 파래지며 목을 감싸 쥐고 있다면 이것은 기도를 완전히 막은 상태로 등 두드리기와 하임리히법을 해야 합니다. 호랭이의 사례를 들어 학생들에게 부분 기도 폐쇄, 완전 기도 폐쇄의 처치 방법과 주의 사항에 대해 각각 설명한 후 하임리히법에 대해 자세히 알아보도록 합니다.

① 학생들에게 하임리히법 순서가 적힌 카드를 나누어 줍니다. 완전 기도 폐쇄 상황에서 어떻게 대처해야 하는지 카드를 순서대로 나열해 보도록 합니다.
② 학생들은 자신이 나열한 카드를 책상 위에 순서대로 놓습니다. 모두 완성하면 PPT를 보면서 하임리히법 카드가 순서에 맞게 나열됐는지 확인하고, 틀렸다면 정확한 순서를 익히도록 합니다.
③ 카드 내용은 119 도움 요청, 등 두드리기 5회, 이물질 나왔는지 확인, 자세 잡기, 복부 밀어내기 5회, 반복하기 등 순서를 외울 수 있는 간단한 키워드로 씁니다.
④ 뒷면에는 순서별로 키워드에 대한 설명을 적습니다. 완성된 카드는 링으로 끼

워서 가지고 다니면서 익힐 수 있도록 합니다. 이를 통해 하임리히법이 필요한 응급 상황일 때 대처할 수 있을 것입니다.

활동 3. 호랭이에게 엽서 쓰기

이번 활동은 주인공 호랭이가 좋아하는 떡을 먹다가 목에 걸리지 않도록 도와주는 활동입니다. 호랭이에게 엽서를 쓰면서 기도 폐쇄와 하임리히법을 반복해서 익히도록 하며, 다른 사람들에게도 알려 주면서 자신감을 가질 수 있습니다.

① 학생들에게 빈 엽서를 한 장씩 나누어 줍니다. 호랭이에게 엽서를 쓸 때 기도 폐쇄가 왜 생기는지, 어떻게 예방해야 하는지, 하임리히법도 포함해서 쓰도록 합니다. 기도 폐쇄가 일어나는 원인은 다양하므로, 예방법을 쓸 땐 누워서 먹지 않기, 천천히 꼭꼭 씹어서 먹기, 음식을 먹을 때 장난치지 않기 등을 포함해서 적을 수 있도록 합니다.

② 엽서 쓰기가 끝나면 교실에 게시하여 반 학생들이 감상할 수 있도록 합니다. 일찍 끝낸 학생은 모든 학생의 활동이 끝날 때까지 엽서를 꾸미도록 합니다.

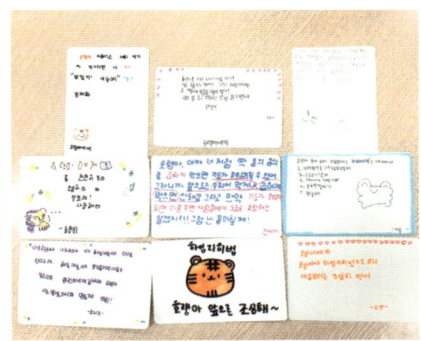

3장

약물 오남용 예방 교육

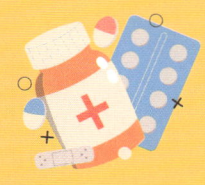

약물은 의약품뿐만 아니라 신체와 신진대사에 영향을 미치는 모든 물질을 의미합니다. '약물 오남용 예방 교육'에서는 담배, 술, 올바른 의약품 사용과 폐의약품 관리, 카페인, 마약류 예방에 관한 내용을 다룹니다. 이 교육을 통해 학생들이 유해 약물의 위험성을 인식하고, 약물 오남용을 예방하며 올바르게 사용할 수 있기를 기대합니다.

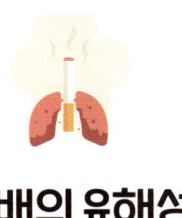

담배의 유해성
담배 괴물 무찌르기

성장기 청소년의 흡연은 건강에 심각한 악영향을 끼칩니다. 담배에 포함된 유해 물질은 학생들의 집중력을 저하하고, 정상적인 성장 발달을 방해합니다. 또한 중독을 일으키는 니코틴의 영향도 성인보다 더 강하게 작용할 수 있습니다. 청소년의 흡연 예방과 금연 실천을 위해 전국의 모든 학교 현장에서 매년 다양한 흡연 예방 교육 활동을 진행하고 있습니다. 이 교육 활동이 실효성이 있는지 의문을 제기할 수도 있지만 직접 교육을 진행하고 다양한 행사를 해 본 결과, 학생들에게 실질적으로 변화를 줄 수 있다는 사실을 깨달았습니다. 예를 들어, 흡연으로 인해 생길 수 있는 질병 모형을 보건실 앞에 세워 두면 어떤 학생들은 '나는 절대 담배를 피우면 안 되겠다.'라고 큰 소리로 다짐합니다. 또 어떤 학생은 "선생님, 이거 진짜예요? 그럼 우리 아빠도 병에 걸릴까요?"라며 순수한 걱정이 담긴 질문을 하기도 합니다. 흡연할 때 여러 질병에 걸릴 확률이 높아진다고 알려 주면 학생은 걱정스러운 표정으로 "오늘 집에 가서 꼭 아빠한테 담배 끊으라고 말할 거예요!"라고 답하기도 합니다. 이러한 배움이 간접흡연 피해를 경험하는 학생들의 건강을 지키고, 나아가 가정의 건강에도 긍정적인 영향을 줄 것입니다.

추천 대상	초등학교 5~6학년
수업 주제	약물 오남용 예방 교육 - 담배의 유해성
학습 목표	담배 속 유해 물질을 알고, 간접흡연의 피해로부터 자신을 보호하는 방법을 안다
활동	1) 아빠를 진찰해요 2) 담배 괴물의 숨은 공격 3) 담배 괴물을 무찌르는 방법

 함께 읽은 책

『담배 괴물』

정란희 글, 이갑규 그림, 크레용하우스, 2020

『담배 괴물』은 퇴근하는 아빠의 어깨 위에 담배 괴물이 나타나는 장면으로 이야기가 시작됩니다. 담배 괴물이 붙어 있는 아빠는 수시로 담배를 떠올리며, 어디서든 흡연을 합니다. 담배 괴물 때문에 아빠는 숨이 가빠지고, 표정도 점점 어두워지게 됩니다. 이런 아빠의 모습이 걱정된 나나와 엄마는 담배 괴물을 물리칠 방법을 고민하게 됩니다. 나나는 아빠의 두 손을 잡고, 진심을 담아 간접흡연으로 힘든 점을 표현하고 나나의 진심을 전달받은 아빠는 금연을 다짐하게 됩니다. 이후 아빠는 열심히 운동도 하고, 담배 생각이 날 때마다 간식을 먹으며 마침내 금연에 성공합니다. 그렇게 담배 괴물은 아빠의 곁에서 사라지게 됩니다. 그림책을 다 읽은 후, 앞면지와 뒷면지의 장면을 비교하면서 학생들과 달라진 점을 이야기할 수 있습니다. 또한 그림책 속 아빠의 모습에서 흡연자에게 나타나는 여러 가지 증상을 살펴보고, 나나의 모습을 보며 간접흡연으로 인해 발생하는 증상도 알게 됩니다. 간접흡연 경험이 있는 학생들은 나나의 모습에서 공감을 얻기도 합니다. 나아가 담배 괴물을 무찌르기 위해 아빠를 돕는 나나와 엄마의 모습을 통해 가족에게 금연을 유도하고 응원해 주는 따뜻한 방법까지 배울 수 있습니다.

활동 1. 아빠를 진찰해요

그림책을 읽은 후 등장인물인 아빠의 모습을 진찰해 보는 활동을 진행합니다. 이 활동을 통해 학생들은 담배의 유해 물질을 단순히 종류로만 아는 것이 아니라, 실제 증상과 연관 지어 배울 수 있습니다.

① 교사는 PPT 슬라이드를 활용하여 담배의 대표적인 3대 유해 물질(타르, 일산화탄소, 니코틴)에 대하여 설명합니다.
② 학생들에게 팸플릿 만들기 활동지를 제공합니다. 교사는 팸플릿 활동지 가장 왼쪽 면에 그림책 속 아빠의 증상을 적어 둡니다.
③ 학생들은 증상을 보고, 방금 배운 유해 물질과 연관 지어 아빠의 증상이 나타난 원인 유해 물질을 써 봅니다. 예를 들어, 그림책 속에서 아빠가 "그게…. 나도 모르게 자꾸 담배에 손이 간단다."라고 말하는 부분을 읽고, 중독을 유발하는 물질인 '니코틴'을 떠올려 답을 적을 수 있습니다.
④ 교사는 학생들이 올바르게 답을 썼는지 확인하고, 이해가 부족한 부분이 있으

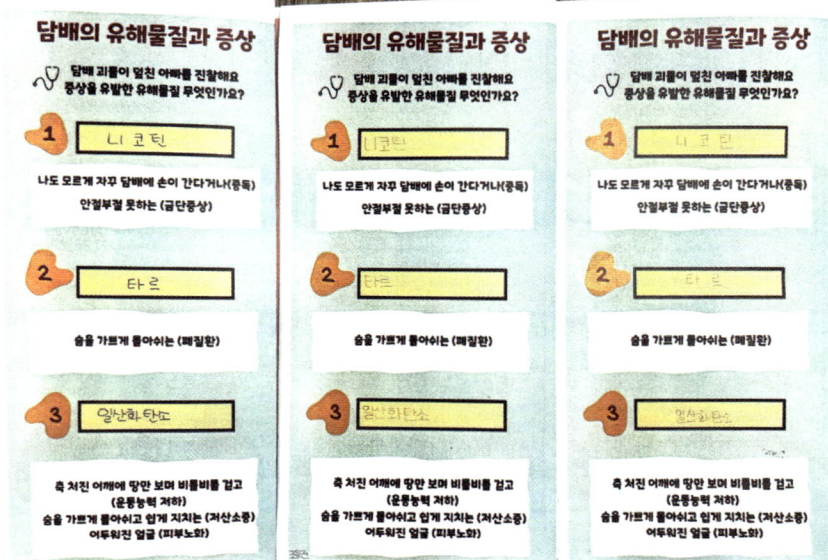

면 다시 설명해 줍니다.

활동 2. 담배 괴물의 숨은 공격

아빠의 흡연으로 인해 나나가 겪었던 증상을 기억하며, 간접흡연 때문에 발생할 수 있는 증상을 알아보는 활동을 진행합니다.

① 그림책을 읽은 후, 나나가 아빠에게 금연을 유도하며 외친 대사가 기억나는지 질문합니다. 학생들이 정답을 말하면, 이 부분은 간접흡연으로 인해 발생하는 피해 증상임을 설명해 줍니다. 만약 학생들이 그림책 속 나나의 증상을 쉽게 답하지 못할 경우, 교사가 해당 장면으로 돌아가 한 번 더 읽어 줍니다.
② 팸플릿 활동지 가운데 면에 학생들은 나나의 증상을 적고, 그 외에 신체 부위별로 발생할 수 있는 간접흡연 피해 증상을 적어 보는 시간을 갖습니다.

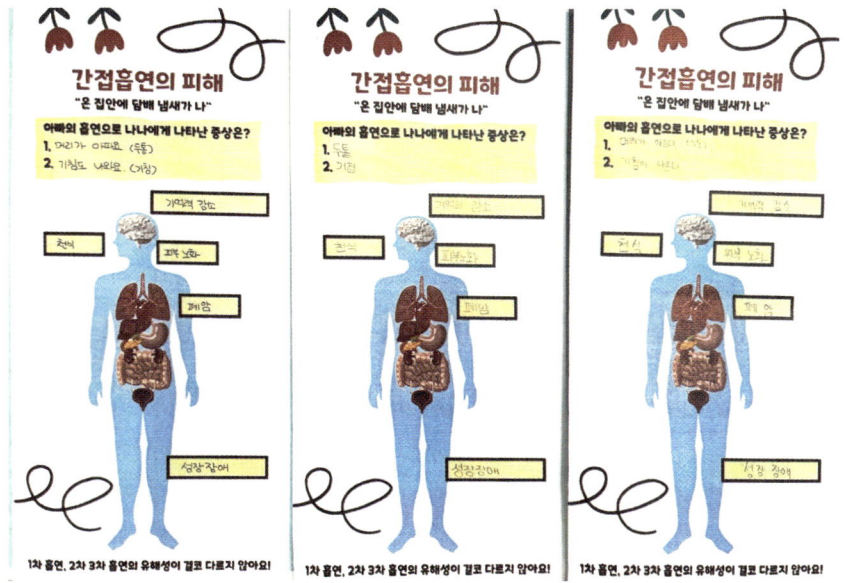

③ 직접 흡연인 1차 흡연, 흡연자가 내뿜는 연기를 비흡연자가 들이마시는 2차 흡연, 주변 물질에 흡착된 담배 연기가 다시 노출되는 3차 흡연, 모두 유사한 피해를 준다는 점을 강조하며 간접흡연의 유해성을 설명합니다.

활동 3. 담배 괴물을 무찌르는 방법

학생들의 경우 직접 흡연보다는 간접흡연으로 인한 피해를 경험하는 경우가 많으므로, 간접흡연을 예방하는 방법을 함께 고민해 봅니다.

① 학생들에게 간접흡연을 예방하는 방법에 대해 다양한 의견을 제시하도록 합니다. 환기, 금연 유도, 흡연 구역 및 흡연자 피하기 등 간접흡연 예방 방법을 학생 스스로 이야기할 수 있도록 교사는 적절한 힌트를 줍니다. 예를 들어 "아랫집에서 담배를 피워 담배 냄새가 집 안에 가득해졌다면 우리는 어떻게 해야 할

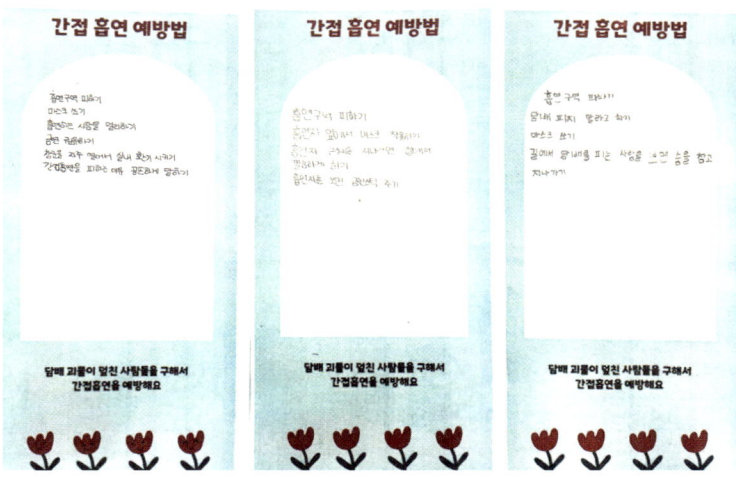

까?"와 같은 질문을 할 수 있습니다.
② 학생들은 제시된 답변을 정리해 팸플릿 활동지 가장 오른쪽 면에 적습니다. 이를 통해 담배 연기에 노출되는 상황에서 어떻게 적절히 대처할 수 있는지 배웁니다. 활동이 끝나면 작성한 내용을 선을 따라 접어 3단 팸플릿으로 완성합니다. 그다음 이 팸플릿을 누구에게 보여 주고 싶은지 생각해 보도록 합니다.
③ 학생들에게 주변 흡연자에게 금연을 권유하며 팸플릿을 전달하도록 안내하고 수업을 마칩니다.

💊 수업 TIP

학생마다 활동을 마치는 시간이 다를 수 있습니다. 활동을 빨리 마친 학생이 있다면, 팸플릿 겉면에 흡연자에게 전달하고 싶은 한마디를 적는 활동을 진행하도록 합니다. 이 활동을 통해 학생들은 생각과 감정을 효과적으로 표현할 수 있는 기회를 얻게 됩니다.

담배 광고
숨겨진 진실을 보아요

우리는 편의점에 들어가 물건을 고르는 동안, 담배 광고를 몇 번이나 보게 될까요? 계산대 뒤에 진열된 담배, 포스터, LED 화면 광고판, 화려한 담배 포장 등 다양한 형태의 담배 광고가 우리의 시선을 빼앗습니다. 특히 장난감 같은 광고 모형이나 과자나 초콜릿 옆에 예쁘게 그려진 광고는 실제 담배 광고라는 생각이 들지 않을 정도로 화려합니다. 2023년 청소년건강행태조사에 따르면, 우리나라 청소년의 첫 흡연 경험 나이는 13.6세이며, 흡연을 시작한 이유는 '호기심'이 많았습니다. '이게 뭘까?' 하고 자세히 보게 만드는 이미지와 광고물은 학생들의 호기심을 자극하고 흡연을 부추깁니다. 또한 담배 광고는 점점 더 교묘해지고 다양해지고 있습니다. 몸에 덜 해롭다고 주장하는 전자 담배, 담배의 거친 맛과 향을 줄인 담배, 니코틴 함량을 줄여 중독성을 줄였다는 담배 등 사람들을 현혹하는 말과 이미지로 포장하지만 담배는 담배이고, 몸에 해롭다는 사실은 변함 없습니다. 담배 광고에 대한 흡연 예방 교육을 통해 호기심을 자극하는 담배 광고에는 어떤 것들이 있는지, 어떤 태도로 바라보아야 하는지 함께 이야기해 봅니다. 우리 주변에서 만나는 많은 담배 광고들을 그대로 받아들이는 것이 아니라 비판적 사고로 바라보고, 숨겨진 진실을 바로 보게 하는 수업입니다.

추천 대상	초등학교 5~6학년
수업 주제	약물 오남용 예방 교육 - 담배 광고
학습 목표	담배 광고의 문제점을 알고, 광고에 현혹되지 않는 비판적 태도를 기를 수 있다
활동	1) 안과 밖 상상 읽기 2) 담배 반전 그림 그리기 3) 담배 광고주와 소비자 핫시팅하기

 함께 읽은 책

『집 안에 무슨 일이?』

카테리나 고렐리크 글·그림, 김여진 옮김, 올리, 2021

『집 안에 무슨 일이?』는 집 밖에서 창문을 통해 보이는 일부분을 보고 집 안에서 벌어지고 있는 일을 상상하게 만드는 책입니다. 그림책 중 창문을 통해 온화하고 따뜻한 할머니가 보이는 장면이 있습니다. 그 모습을 보고 집 안에서 할머니가 그림을 그리거나 바느질하는 모습을 상상할 수 있습니다. 하지만 다음 장을 넘기면, 할머니는 사실 손님들을 바퀴벌레와 쥐로 둔갑시키는 으스스한 마녀였다는 반전이 드러납니다. 이 반전을 통해 우리는 담배 광고의 이면을 떠올려 볼 수 있습니다. 집 밖 창문을 통해 보이는 모습은 담배 광고의 이미지입니다. 집 밖이 담배 회사가 의도적으로 포장하고 꾸며낸 좋은 이미지라면, 집 안에서 벌어지는 일은 담배 회사가 절대로 들키고 싶지 않은 담배의 어두운 면입니다. 그림책을 읽으면서 학생들은 겉과 속이 다른 담배 광고의 문제점을 발견하고 담배 광고를 비판적 사고로 바라보는 힘을 기를 수 있을 것입니다.

활동 1. 안과 밖 상상 읽기

안과 밖 상상 읽기는 집 밖 창문을 통해 보이는 모습을 보고 집 안의 장면을 상상해 보는 활동입니다. 반복하다 보면 학생들은 집 안과 밖의 차이를 느끼고 보이는 게 전부가 아니라는 사실을 자연스럽게 알게 됩니다. 이는 담배 광고에서 화려한 이미지를 부각시켜 담배의 유해성이 상대적으로 드러나지 않는 것과 같습니다. 따라서 이번 활동을 통해 담배 광고의 문제점을 알 수 있습니다.

① 표지에 창문이 그려져 있는 장면을 학생들과 함께 봅니다. 창문 사이로 무엇이 보이는지, 어떤 느낌이 드는지 질문합니다. 그런 다음, 집 안에는 어떤 일이 벌어지고 있을지 상상해 보고 답해 보도록 합니다.

② 활동 중반 이후부터는 창 너머 장면이 긍정적인 이미지이지만 정작 집 안에서는 부정적인 일이 벌어지는 그림을 선택하여 책 읽기를 진행합니다. 예를 들어 책 중반부에 집 밖에서 솜씨 좋은 요리사처럼 보이는 꿀꿀이 아주머니였지만, 집 안에 둔 밀가루에는 벌레가 가득 들어 있는 장면, 집 밖에서 볼 땐 근사한 커튼이 달려 있는 것처럼 보이지만, 사실은 집 안에 유령이 가득한 것이었던 장면을 읽어 줍니다. 부정적 반전이 있는 장면에 머무르면서 이를 연결하여 담배

광고의 의미를 설명하고 반전 이미지에서 찾을 수 있는 담배 광고의 문제점은 무엇이 있는지 생각해 봅니다.

③ 담배 광고의 문제점을 설명한 후에는 다양한 사례를 제시하여 학생들이 이해하는 데 도움을 줍니다. 예를 들어, 편의점 등 담배 소매점 내 다수의 담배 광고물, 화려하고 장난감 같은 담배 제품 포장, 담배 회사의 부정적 이미지를 줄이기 위한 사회 공헌 활동 등이 있습니다.

④ 이후에는 학생들이 담배 광고에만 집중하지 않도록 문제점에 대해 다시 한번 정리하도록 합니다.

💊 수업 Tip

담배 광고 사례 자료를 제시할 때는 자극적인 사진 또는 흡연 장면을 포함하지 않도록 주의합니다. 한국건강증진개발원의 [자료실] - [간행물] - [〈총권 제84호〉 담배판매를 위한 담배회사의 전략], 또는 금연길라잡이의 [지식+] - [담배의 진실] - [담배회사의 진실_국내 마케팅 사례] 자료에 담배 광고에 대한 예시와 사진이 있어 수업에 활용할 수 있습니다.

담배 판매를 위한 담배 회사의 전략

담배 회사의 진실

활동 2. 담배 반전 그림 그리기

담배의 안과 밖이 다른 반전 그림을 그리는 활동입니다. 창밖으로 드러나지 않는 담배의 유해성을 반전 그림으로 그려보면서 학생들은 담배 광고의 이중성을 발견하게 됩니다.

① [활동 1]에서 상상 읽기를 했던 것처럼 창밖의 장면을 PPT 화면으로 보여 주고, 창 안쪽에 담배로 인한 피해 상황을 상상해 보도록 합니다. 예를 들어, PPT 화면 창밖 그림에 모닥불이 보이면, 안쪽에는 담배로 인한 산불 피해를 상상할 수 있습니다.
② 자세한 예시로 활동을 안내하고 학생들에게 창문 그림이 그려진 활동지를 나눠 줍니다.
③ 활동지를 반으로 접어 창문 그림이 보이도록 한 후, 창문 부분에 가위집을 넣어 창문을 오립니다.
④ 담배로 인한 피해로는 무엇이 있는지 생각해 보고 그중 하나를 선택하여 안과 밖 반전 그림을 그리도록 합니다. 담배꽁초로 인한 해양 오염을 그린다면, 창밖으로는 푸른 바다가 보이지만 안쪽에는 담배꽁초가 가득한 모래 해변과 오염된 바다로 아파하는 해양 생물의 모습을 그릴 수 있습니다.

활동 3. 담배 광고주와 소비자 핫시팅하기

'핫시팅'은 이야기나 학습 주제 속 등장인물 역할을 학생에게 주고, 맡은 학생은 진짜 등장인물이 된 것처럼 질문에 답을 하는 연극 활동 중의 하나입니다. 이번 활동에서는 전체 학생 중 2명을 담배 광고주로 정해 담배 회사의 입장에서 질문에 답해 보고, 나머지 학생들은 소비자가 되어 담배 광고주에게 담배 광고에 대해 궁금한 내용을 질문하도록 합니다. 담배 광고의 숨겨진 이면을 파헤치기 위해 다양한 질문을 던져봄으로써 담배 광고의 문제점을 명확히 파악하고 담배 광고에 현혹되지 않는 태도를 기를 수 있습니다.

① 책상은 모둠 형태로 만듭니다. 가운데가 비어 있는 디귿 자 배치를 한 후, 가운데에 의자 2개를 준비합니다.

② 모둠별로 담배 광고주에게 하고 싶은 질문을 브레인스토밍하고 활동지에 핵심 질문 3개를 선정합니다. 예를 들어 '이 광고는 누구를 대상으로 했나요? 왜 이런 색과 모양을 선택했나요? 진짜 몸에 덜 해로운 것이 맞나요?' 등의 자유로운 질문을 할 수 있습니다.

③ 질문지를 만들고 나면, 담배 광고주 역할 2명을 정하고 의자에 앉힙니다. 학생들은 담배 광고주와 소비자가 되어 준비한 질문을 하고 답변합니다. 이때 담배 광고주와 소비자 사이의 역할을 바꿔 가며 활동을 이어 나갑니다. 또한 소비자를 의자에 앉히고 담배 광고에 대해 질문하고 답할 수 있습니다.

④ 만약 학생들이 장난스럽게 참여하거나 유의미한 질문이 나오지 않는다면, 교

사가 "이번에는 담배 포장 디자인과 관련해서 질문해 볼까요?"와 같이 질문을 유도하고 다양한 질문을 할 수 있도록 안내자 역할을 합니다.
⑤ 학생들은 소비자가 되어 비판적 시각으로 담배 광고에 물음표를 던지고, 때로는 담배 광고주가 된 것처럼 답해 보면서 담배 광고가 결국은 담배 회사의 이윤을 높이기 위함이며, 담배의 위험성은 변하지 않는다는 사실을 알게 될 것입니다.

음주 예방
술은 위험해

　학생들은 술을 일상생활에서 접하기 쉽기 때문에 담배보다 가볍게 생각합니다. 명절날 제를 지내고 나면 어른들이 음복을 권하거나 가족 행사에서 술은 어른에게 배워야 한다며 권하기도 합니다. 또한 평상시에도 TV의 각종 술 광고 또는 음식점 벽에 붙어 있는 술 광고 포스터 등으로 인해 자연스럽게 술에 노출되고 있습니다. 한 학생에게 '어른들은 맛없는 술을 왜 마시는 걸까요?'라는 질문을 받은 적이 있습니다. 어른들은 기쁠 때, 슬플 때, 괴로울 때 등 다양한 감정의 이유로 술을 찾습니다. 학생들은 이런 모습을 보면서 자신의 감정을 풀어내는 해결 방안 중 하나가 술이라고 생각할 수 있습니다. 이처럼 음주를 조장하는 사회와 문화는 학생들이 음주를 시작하도록 유도합니다. 학교에서는 음주 예방 교육을 하여 알코올이 우리 몸에 어떤 영향을 주는지 가르치고, 술이 우리 사회에 부정적인 영향을 준다는 걸 알려 주고 있습니다. 학생들이 술의 위험성과, 위험으로부터 스스로 보호하는 방법을 배우는 것은 음주에 대한 올바른 가치관을 가지고, 자신의 건강과 안전을 지키기 위한 선택을 하는 데 도움이 될 것입니다.

추천 대상	초등학교 5~6학년
수업 주제	약물 오남용 예방 교육 - 음주 예방
학습 목표	술의 문제점을 알고, 술의 위험으로부터 자신을 보호하는 방법을 말할 수 있다
활동	1) 술이 우리 몸에 미치는 영향 2) 뉴스 기사 만들기 3) 뉴스를 알려 드립니다

 함께 읽은 책

『달 밝은 밤』

전미화 글·그림, 창비, 2020

그늘에 있는 외로운 어린이들에 주목해 온 전미화 작가는 『달 밝은 밤』에서 술에 만취해 비틀거리는 아빠와 한숨 쉬는 엄마의 모습 때문에 불안한 주인공의 마음을 그렸습니다. 주인공은 이런 외롭고 불안한 마음을 달을 보고 위로받으면서 달이 자신을 지켜 준다고 믿습니다. 그리고 '나는 나를 믿는다.'라고 다짐하면서 성장해 나갑니다. 학생들은 주인공 아빠가 술에 취했을 때의 모습을 보면서 술을 마시면 어떤 일들이 일어나는지 생각해 볼 수 있습니다. 또한 이 그림책을 통해 음주에 대한 가치관이 형성되면서 학생들이 건강한 어른으로 성장하는데 도움이 될 것입니다.

활동 1. 술이 우리 몸에 미치는 영향

그림책을 읽은 후, 술이 신체에 어떤 문제를 일으키는지 배워 보는 활동입니다. 그림책 속 아빠는 술을 마시고 비틀거리며, 밥도 먹지 않고 술만 마신다고 합니다. 술에 중독된 아빠를 보며 과도한 음주가 건강에 어떤 영향을 주는지 알아봅니다.

① 교사는 미리 준비한 활동지를 학생들에게 나누어 줍니다. 활동지 가운데에는 이미 술을 마셔 얼굴이 붉어진 모습을 넣고, 주변에는 파란색 글자로 신체 기관 이름을 적어 놓습니다. 이 신체 기관들 모두 술을 과하게 마셨을 때 우리 몸에 나쁜 반응이 나타날 수 있는 곳입니다. 양옆으로는 과도한 음주로 인해 발생할 수 있는 질병을 빨간색 글자로 적어 둡니다.

② 교사는 학생들과 함께 활동지 내용을 하나씩 살펴보면서 각 신체 기관과 그에 따른 질병을 선으로 이어 보는 활동을 합니다. 맨 위쪽의 '뇌'부터 시작해서 학생들이 먼저 정답을 찾아 선을 이어 보게 합니다.

③ 활동지 내용 중 질병에 대해 궁금해 하면 교사가 부연 설명을 하여 이해를 돕

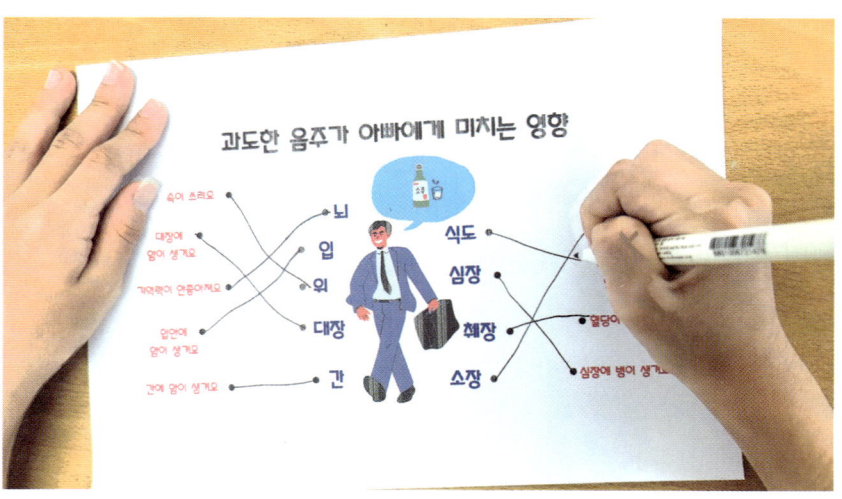

습니다. 그리고 술은 신체적 문제도 있지만 알코올 중독 등의 정신적 문제도 발생할 수 있다는 설명을 덧붙입니다.

 **수업 Tip**

청소년 음주의 위험성 및 예방 교육 관련 그림책은 교육부 학생건강정보센터의 [자료실] 또는 경상남도교육청 홈페이지의 [부서별누리집] - [체육예술건강과] - [자료실]에서 '멈춰'를 검색하면 본문과 활동지를 무료로 내려받을 수 있으며, 전자책도 무료로 볼 수 있습니다.

학생건강정보센터

경상남도교육청

활동 2. 뉴스 기사 만들기

술로 인해 여러 가지 질병도 생기지만 사회적 문제도 심각합니다. 두 번째 활동은 학생들이 술의 위험성을 직접 느껴볼 수 있도록 뉴스를 만들어 봅니다.

① 활동 전, 술로 인해 발생하는 사회적 문제가 무엇이 있는지 학생들과 이야기 나눕니다. 음주 운전, 가정 폭력, 뺑소니 등 다양한 의견이 나오면 칠판에 적어 두고 모둠별로 하나씩 골라 가상의 뉴스 기사를 써 보게 합니다. 다양한 내용을 공유하고 함께 생각해 보기 위하여 칠판에 적어 놓은 주제가 모둠 사이에서 중복되지 않게 합니다.

② 교사는 모둠별로 8절지를 한 장씩 나누어 줍니다. 뉴스 기사를 작성할 때는 육하원칙을 지켜서 다른 사람이 읽었을 때 이해할 수 있게 글을 쓰고, 기사 관련 내용을 그림으로 표현하여 뉴스 형식을 갖추게 합니다. 가상의 내용이지만 작성하는 과정에서 음주로 인한 사회적 문제의 심각성을 느낄 수 있습니다.

활동 3. 뉴스를 알려 드립니다

[활동 2]에 이어서 모둠에서 만든 뉴스 내용을 학생들과 나누며 술로부터 자신을 보호하는 방법을 말해 보는 활동입니다. 이 활동을 통해 술에 대한 유해성을 상기하고, 술에 대한 바른 가치관 형성에 도움을 줄 수 있습니다.

① 교사는 학생들이 뉴스를 보도하는 느낌이 들도록 칠판 앞에 책상과 의자, 모형 마이크를 준비해 줍니다. 학생들은 자신이 TV에 나오는 기자가 되었다고 생각하고 모둠에서 만든 내용을 발표하며 공유합니다.

 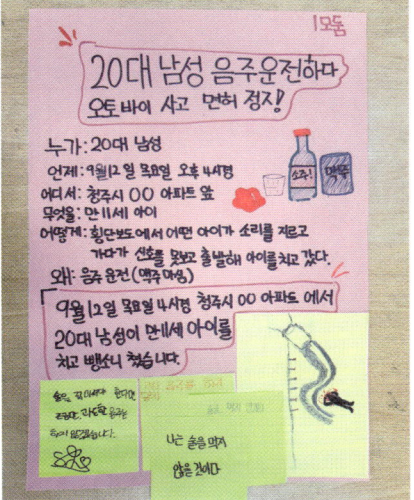

② 모든 모둠의 발표가 끝나면 발표 내용을 바탕으로 술로부터 자신을 보호하는 방법은 무엇이 있을지 간단하게 이야기해 봅니다. 그림책 속 아빠는 엄마가 집을 나가자 다시는 술을 먹지 않고 엄마를 데려오겠다고 말했지만 끊지 못합니다. 그 모습을 보며 주인공은 술을 마시지 않겠다고 다짐합니다. 주인공처럼 자신을 보호하는 방법에 대해 앉은 자리에서 자유롭게 이야기하고 포스트잇에 적도록 합니다. 예를 들면, 만약 누군가가 나에게 술을 권한다면 어떻게 행동할 수 있을지 또는 금주 다짐을 이야기하기 등의 예시를 줍니다. 작성한 포스트잇은 [활동 2]에서 모둠별로 만든 뉴스에 붙이도록 합니다.

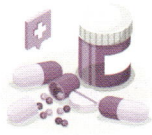

올바른 의약품 사용
약 올바르게 사용해요!

초등학교 저학년 학생들은 약의 의미와 특성을 이해하고, 약을 올바르게 복용하고 보관하는 방법을 배우는 것이 중요합니다. 이 시기에는 마약의 위험성을 직접 다루기보다는, 약물에 대한 올바른 이해와 사용법에 초점을 맞추는 것이 좋습니다. 초등학교 중학년이 되면 학생들은 약물의 의미와 일상 생활 속에서 나타나는 약물 과의존 사례를 더 깊이 있게 배우게 됩니다. 실제로 많은 학생들이 약물의 정확한 개념을 잘 모르거나, 자신이 복용하는 약의 사용법이나 부작용을 충분히 이해하지 못하는 경우가 있습니다. 예를 들어, 친구나 가족이 복용하는 약이 자신에게도 효과가 있을 것으로 생각해 부모님의 허락 없이 복용하거나, 아침에 약 먹는 것을 깜빡해 점심에 한꺼번에 두 배로 복용하려는 경우도 있습니다. 또한, 딸기 맛 등으로 만들어진 어린이용 약을 간식처럼 여기고 정해진 양보다 많이 먹는 경우도 있는데, 이는 약물 과다 복용으로 이어져 심각한 건강 문제를 일으킬 수 있습니다. 따라서 초등학교 약물 오남용 예방 교육에서는 약물의 의미, 약물이 우리 몸에 미치는 영향, 올바른 관리 및 복용 방법을 체계적으로 가르치는 것이 필요합니다. 또한 단순한 정보 전달을 넘어, 학생들이 스스로 약물의 위험성을 깨닫고 올바른 습관을 형성할 수 있도록 돕는 데 중점을 두어야 합니다.

추천 대상	초등학교 1~2학년
수업 주제	약물 오남용 예방 교육 - 올바른 의약품 사용
학습 목표	올바른 약물 복용 방법에 대해 알고, 일상생활 속에서 올바르게 실천할 수 있다
활동	1) 보건실 구급함 탐구! 2) '나는 ○○초 약사' 낭독극 3) 나에게 맞는 약 찾기 놀이

 함께 읽은 책

『토끼 약국으로 오세요』

김정은 글·그림, 풀빛, 2022

『토끼 약국으로 오세요』는 아이사랑 안심보육 공모전 '보건 위생 부문'에서 최우수상을 받은 그림책입니다. 토끼 약사가 약국을 찾아오는 동물 친구들에게 증상에 맞는 약을 처방하고, 약을 복용할 때 주의해야 할 사항들을 알려 주는 내용을 담고 있습니다. 이 그림책은 약물의 의미와 올바른 복용법을 학생들이 쉽게 이해할 수 있도록 도와 줍니다. 특히 저학년 학생들이 일상생활에서 약물 오남용을 예방하고, 자신에게 필요한 약을 올바르게 복용하는 방법을 배우는 데 유익한 그림책입니다. 이를 통해 학생들은 약물의 올바른 사용법을 익히고, 건강한 생활 습관을 형성할 수 있을 것입니다.

활동 1. 보건실 구급함 탐구!

앞에 나온 응급 처치 활동처럼 실제 보건실 구급함을 활용하여 학생들이 자주 사용하는 약물에 대해 설명하는 활동입니다.

① 구급함을 바로 보여 주기 전에 황금색 보자기로 싸거나, 예쁘게 포장된 상자에 넣어 둡니다.
② 다섯 고개 퀴즈를 통해 구급함의 용도를 질문하며 맞히는 활동을 진행하면, 학생들의 궁금증과 호기심을 자연스럽게 유발할 수 있습니다. 또한, 연극 활동처럼 돋보기를 이용하여 구급함을 살펴보는 몸짓을 보여주면 몰입감을 더욱 높일 수 있습니다.

구급함 다섯 고개 퀴즈 예시

☑ 이 물건은 여러 가지 작은 물건들을 모아 두는 상자예요.
☑ 이 상자는 보통 위급한 상황에서 사용해요.
☑ 사람이 다치거나 아플 때 이 상자 안에 있는 물건들이 필요해요.
☑ 이 상자에는 붕대, 약, 반창고 같은 것들이 들어 있어요.
☑ 빨간색 십자가가 그려져 있는 경우가 많고, 응급 상황에서 자주 보게 돼요.

---

③ 구급함 속에 들어 있는 감기약, 어린이 소화제, 어린이용 진통·해열제, 항히스타민제, 소독약과 연고, 진통 소염제, 비타민제 등 실제 학생들이 자주 사용하는 약물을 보여 주며 '이 약은 무엇인가요?', '언제 이 약을 먹어야 하나요?', '이 약은 무엇과 함께 먹어야 하나요?' 등의 질문을 통해 약의 의미와 특성에 대해 알아봅니다. 이 과정에서 학생들이 약물과 관련된 자신의 경험을 이야기하도

록 유도하면 자연스럽게 수업에 몰입하게 됩니다.

④ 약 포장지에 있는 용법과 용량을 확인하는 방법을 설명하고, 약물 복용 시 주의 사항에 대해 구체적으로 안내합니다.

⑤ 그림책에 나오는 5가지 사례 중에서 학생들이 자주 오남용할 수 있는 사례를 중심으로 이야기를 나눕니다. 예를 들어, '감기에 걸린 캥거루 가족' 장면에서는 같은 감기라도 증상이 다르고 약마다 투여 용량이 다르므로 형제자매 간에 감기약을 나눠 먹지 않도록 강조합니다. 또한 비타민 등 영양제는 몸에 좋다고 생각해 하루 정해진 용량보다 더 많이 섭취하는 경우도 있는데, 반드시 정해진 용량만 복용해야 한다는 점을 설명합니다.

활동 2. '나는 ○○초 약사' 낭독극

그림책 내용을 바탕으로 낭독극을 구성하여, 약물 복용의 중요성과 올바른 사용법에 대한 이해를 더욱 깊이 있게 하는 활동입니다.

① 교사가 먼저 그림책을 읽어준 후, 학생들은 '○○초 약사'가 되어 다 함께 소리

내어 그림책을 낭독합니다. 낭독극을 위해 각 모둠원에게 사례별 토끼 약사 역할을 부여합니다. 내레이션은 교사가 맡고, 나머지 토끼 약사 역할은 학생들이 돌아가며 맡습니다. 저학년의 경우, 내레이션이 많으면 부담감을 느낄 수 있으므로 교사가 미리 대본을 준비해 역할 순서를 정해 주는 것이 좋습니다. 낭독극 대본을 활용할 때, 발표 순서에 맞춰 모둠별 자리를 배정하면 학생들이 자신의 순서를 잊지 않도록 도울 수 있습니다.
② 교사는 그림책에 나오는 아픈 친구들을 위한 토끼 약사의 처방 부분을 인쇄해 학생들에게 나눠 주고, 상단에 이름을 적어 자신의 역할을 쉽게 인지할 수 있도록 합니다. 이후, 미리 준비한 그림책 스캔 파일을 전자 칠판이나 큰 화면에 띄워 모든 학생이 상황에 몰입할 수 있도록 합니다.
③ 낭독할 때는 학생들이 글의 내용을 충분히 이해하고, 토끼 약국을 방문한 아픈 친구들에게 감정을 이입해 읽도록 지도합니다. 특히 글 속의 감정과 분위기를 살려 읽도록 유도하며, 잔잔한 음악이나 상황에 맞는 배경 음악을 틀어 주면 학생들이 더욱 자연스럽게 몰입할 수 있습니다.

활동 3. 나에게 맞는 약 찾기 놀이

종이컵을 활용한 짝 활동을 통해 증상에 맞는 올바른 약을 선택하는 놀이를 진행합니다. 이 활동을 통해 학생들이 구체적인 사례를 바탕으로 스스로 어떤 약을 선택할지 고민하고, 올바르게 약을 복용하는 방법을 배워 일상생활에서 실천할 수 있도록 돕습니다.

① 교사는 그림책에 나오는 상황 외에도, 학생들이 일상생활에서 자주 겪는 약 복용이 필요한 상황을 그림으로 표현해 준비합니다. 예를 들어, 감기에 걸려 열이 나는 경우, 과식으로 배가 아픈 경우, 벌레에 물린 경우, 음식 알레르기로 두드

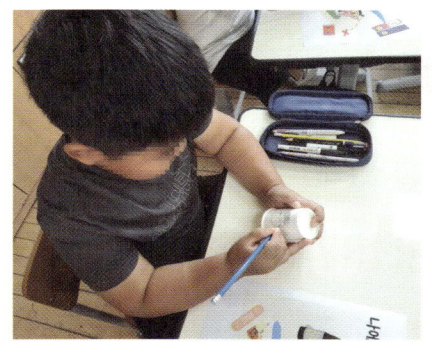 

러기가 난 경우 등 학생들이 직접 경험해 봤을 만한 구체적인 상황을 제시하는 것이 좋습니다.

② 상황 그림을 인쇄한 후, 코팅하여 준비하고 뒤쪽에 원형 찍찍이를 붙입니다.
③ 상황에 맞는 약물이 그려진 그림을 분산하여 배치하고, 두꺼운 A3 종이에 인쇄해 배경으로 준비합니다.
④ 학생들은 종이컵에 자신의 얼굴 모양을 그리고 색칠한 후, 얼굴 반대편에 원형 찍찍이를 붙여 상황 그림을 부착할 수 있도록 합니다.
⑤ 짝 중 한 명이 아픈 사람 역할로 상황 그림에 맞는 증상을 표현하고, 다른 한 명은 약사 역할로 올바른 약을 선택하여 설명합니다.
⑥ 학생들은 돌아가며 상황 그림을 하나씩 선택해 자신의 종이컵에 붙인 뒤, 해당 증상에 맞는 약을 배경 그림에서 선택하는 놀이를 진행합니다.

💊 수업 Tip

병원이나 약국에서 처방받은 약을 복용할 때는 용량과 용법을 지키는 것이 중요합니다. 특히 초등학교 저학년 학생의 경우, 반드시 학부모가 지켜보는 장소에서 약을 복용하도록 지도합니다.

폐의약품 관리
폐의약품, 어떻게 버리고 있나요?

　폐의약품은 사용 기한이 지났거나, 더는 필요하지 않게 된 약품을 의미합니다. 이러한 폐의약품이 잘못된 방식으로 처리될 경우, 심각한 수질 오염 및 환경 문제를 일으킬 수 있습니다. 예를 들어, 2017년 영국의 강에서 잡힌 수컷 물고기 10마리 중 2마리가 암수의 특징이 혼합된 상태로 발견되어 큰 충격을 주었는데, 이는 강으로 흘러 들어간 항우울제와 피임약 성분 때문이었습니다. 우리나라도 2020년 낙동강에서 뇌전증 치료제로 쓰이는 가바펜틴이 검출되어 유해성 연구가 필요하다는 뉴스 기사가 보도되었으며, 국립환경과학원 조사에 따르면 한강, 낙동강, 영산강 등 국내 주요 하천에서 소염진통제, 항생제 등 여러 가지 약 성분이 검출되었습니다. 폐의약품을 아무 데나 버린다면 생태계에 다양한 악영향을 미칠 수 있습니다. 예를 들어 항생제 성분은 내성을 가진 항생제 내성균의 증가를 초래할 수 있으며, 호르몬 성분이 유출되면 생식 능력에 영향을 미쳐 생태계 균형을 파괴할 수 있습니다. 이렇게 강으로 배출된 약 성분들은 정수 과정을 거치는 동안 독성 물질로 변하여 수돗물로 공급될 위험이 있습니다. 따라서 학생들이 폐의약품이 환경에 미치는 부정적인 영향을 인식하고, 이를 예방하는 실천을 할 수 있도록 교육하는 것이 중요합니다.

추천 대상	초등학교 4~6학년
수업 주제	약물 오남용 예방 교육 - 폐의약품 관리
학습 목표	폐의약품으로 인한 수질 오염의 영향을 이해하고, 올바른 의약품 폐기 방법을 실천할 수 있다
활동	1) 내가 함부로 버린 폐의약품 어디로 갈까요? 2) ○○네 환경 지킴이 약품 수거함 만들기 3) 안전한 의약품 사용송 만들기

 함께 읽은 책

『오염물이 터졌다!』

송수혜 글·그림, 미세기, 2020

『오염물이 터졌다!』는 온 가족이 거실에서 '생활 하수로 인한 수질 오염이 심각하다.'는 뉴스를 보고 놀라는 장면으로 시작됩니다. 주인공 철이는 칫솔질을 하거나 고양이 세수를 하면서 물을 콸콸 흘려보내고, 아침밥을 먹기 싫어서 몰래 음식을 싱크대에 버리며, 설거지할 때도 세제를 지나치게 많이 사용합니다. 그러던 중 철이는 집 안에 무언가가 차오르며 오염물이 터지는 꿈을 꾸게 되고, 이 경험을 통해 가족들에게 물 오염과 낭비를 막는 방법을 전하게 됩니다. 이를 통해 학생들은 수질 오염과 환경 오염을 막기 위해 우리가 실천할 수 있는 작은 방법들에 대해 함께 고민해 보게 됩니다. 또한 그림책 후반부에서는 오염물이 생기는 과정과 올바른 의약품 관리 방법을 알려 주고, 특히 폐의약품이 우리 환경에 미치는 영향을 생각해 보게 합니다.

활동 1. 내가 함부로 버린 폐의약품 어디로 갈까요?

이 활동은 폐의약품을 함부로 버렸을 때 어떤 결과가 초래될지 상상해 보는 활동입니다.

① 그림책을 읽기 전에, 학생들에게 집에서 남은 폐의약품을 어떻게 처리하고 있는지 질문하는 것으로 시작합니다.
② 폐의약품의 개념을 설명한 후, 처리 방법에 대한 실태를 가벼운 질문지 형태의 퀴즈로 조사합니다. 학생들이 실제로 폐의약품을 어떻게 처리하고 있는지 이야기를 나눈 뒤, 본격적으로 그림책을 함께 읽습니다.
③ 주인공 철이의 동생 영이가 화장실 욕조, 세면대, 변기에서 물감으로 장난치며 오염된 물을 만드는 장면에서 "여러분, 폐의약품을 변기에 버리면 어디로 갈까요?"라는 핵심 질문을 던집니다.
④ 이때, 함부로 버린 폐의약품이 하수구를 통해 강과 바다로 흘러 들어가거나, 종량제 봉투에 버린 폐의약품이 토양을 오염시켜 결국 우리에게 돌아올 수 있다는 점을 설명해 줍니다.
⑤ 그다음 영국과 우리나라의 실제 수질 오염 사례 뉴스를 보여 주며 폐의약품으로 인한 환경 오염의 심각성을 알립니다.

 **수업 Tip**

에듀테크 플랫폼 '띵커벨'을 활용하여 동기 유발 및 정리 활동 시 간단한 퀴즈를 만들어 학생들의 적극적인 참여를 유도할 수 있습니다. 이때 다른 선생님이 같은 주제로 만들어 놓은 퀴즈 문제를 그대로 사용하거나 변형하여 활용할 수 있습니다.

활동 2. ○○네 환경 지킴이 약품 수거함 만들기

폐의약품으로 인한 수질 오염과 환경 오염을 예방하기 위해 일상생활에서 바로 실천할 수 있는 폐의약품 수거함을 만들어 보는 활동입니다.

① 폐의약품을 올바르게 처리하는 방법에 대해 학생들과 이야기를 나누며, 작은 실천이라도 우리가 바로 할 수 있는 방법들을 고민해 보도록 합니다.
② 이후 학교에서 매일 섭취하는 우유갑을 재활용해 나만의 폐의약품 수거함을 만들어 봅니다. 이를 위해 한 사람당 200mL 우유갑 3개 또는 집에서 500mL 우유갑 2개를 준비해 오도록 안내합니다. 깨끗하게 씻어 말린 우유갑의 윗부분을 반대쪽으로 접어주기만 하면 간단히 완성됩니다. 우유갑을 접는 이유는

뚜껑 역할을 하여 약이 분실되거나 오염되는 것을 방지하기 위함입니다.
③ 그다음, 우유갑 위에 스티커를 붙이거나 자신만의 스타일로 꾸며 줍니다. 완성된 폐의약품 수거함은 '○○네 환경 지킴이 약품 수거함'이라고 이름 짓고, 이동의 편리함을 위해 손잡이가 있는 음료 캐리어에 담아 줍니다.
④ 우유갑이 가득 차면 약품 특성에 따른 분리배출 방법을 알려 주고, 약국이나 보건소 등 지역 내 폐의약품 수거함 위치를 확인하여 가족과 함께 반납할 수 있도록 안내합니다.

💊 수업 Tip

자신이 만든 ○○네 환경 지킴이 약품 수거함을 SNS에 올려 주변 친구, 학부모, 다른 사람들에게 폐의약품으로 인한 수질 오염을 막는 방법을 적극적으로 홍보할 수 있도록 합니다. 이 활동을 통해 많은 사람에게 자연스럽게 알리는 캠페인 효과를 기대할 수 있습니다.

활동 3. 안전한 의약품 사용송 만들기

올바른 약물 사용과 폐의약품 처리를 일상생활 속에서 익히고 실천할 수 있도록 하는 활동입니다. 이번 활동을 통해 교사와 학생이 협력해 '폐의약품 처리'를 주제로 리듬감 있고 재미있는 노래를 만들 수 있습니다.

① Suno AI를 활용해 '안전한 의약품 사용송'을 만들어 봅니다. 단, Suno AI를 포함한 생성형 인공 지능은 만 14세 미만은 직접적인 사용이 불가능합니다. 따라서 초등학생의 경우 교사가 대표로 로그인한 후 큰 화면을 통해 학생들이 가사

아이디어를 제안하거나 노래의 느낌을 정하는 방식으로 참여할 수 있습니다.
② 교사는 Suno AI에 구글 아이디로 로그인하거나, 휴대전화 인증을 통해 로그인합니다.
③ [Create] 버튼을 눌러 만들고 싶은 노래의 주제, 스타일, 분위기 등을 설명하는 프롬프트를 입력합니다. 이때 한글로 입력해도 노래가 생성되며, 예를 들어 '폐의약품을 올바르게 처리하는 방법'이나 '수질 오염과 환경 오염을 예방하는 약물 사용법' 등 주제를 선택할 수 있습니다. 또는 [Custom Mode]를 선택해 원하는 노래 가사를 직접 입력할 수도 있습니다. 프롬프트나 가사를 입력한 후, [Create] 버튼을 클릭하면 노래가 완성됩니다. 완성된 노래는 들어 보고 마음에 들면 내려받거나, 가사를 수정할 수 있습니다.
④ 인공 지능을 활용할 때는 구체적인 명령 프롬프트와 명확한 지시어를 입력해야 원하는 스타일의 노래를 만들 수 있습니다. 학생들이 만든 노래는 밝고 경쾌한 리듬의 곡으로, '폐의약품을 안전하게 처리하는 방법'이라는 주제의 가사로 구성되었습니다. 가사 내용은 '폐의약품 모아서 수거함에 넣어요', '깨끗한 세상 우리가 만들어요', '물고기도 웃고, 환경도 건강해져요'와 같이 쉽고 재미있게 메시지를 전달합니다. 학생들은 노래를 듣고 함께 따라 부르며, 올바른 약물 사용의 중요성과 폐의약품 처리의 방법에 대해 다시 한번 생각하게 됩니다.

카페인 중독 예방
함부로 먹으면 안 돼요!

　카페인은 사람들이 일상적으로 섭취하는 식품 첨가물이지만, 과도한 섭취는 해로운 영향을 미칠 수 있습니다. 카페인을 과잉 섭취하면 뇌가 각성 상태가 되어 수면을 방해하고, 어지러움이나 두통을 유발합니다. 또한 심장을 빠르게 뛰게 하여 가슴 두근거림 같은 증상이 나타날 수 있습니다. 특히 성장기 어린이들이 카페인을 섭취하면 철분과 칼슘의 흡수를 방해해 빈혈을 유발하거나 뼈 성장에 악영향을 미칠 수 있습니다. 요즘은 스터디 카페, 키즈 카페, 커피 전문점, 디저트 가게 등 접근성이 좋은 카페들이 많으며, 이는 학생들이 카페인 섭취에 쉽게 노출되어 있음을 의미합니다. 보호자들이 마시는 카페인 음료를 보면서 학생들은 호기심을 느끼고, 실제로 마셔 보기도 합니다. 최근에는 시험 기간에 잠을 깨기 위해 고카페인 에너지 음료를 섭취하는 비율이 증가하고 있으며, 이로 인해 복통, 설사 등의 위장 장애 증상으로 보건실을 찾는 경우도 많아지고 있습니다. 따라서 카페인 과잉 섭취가 우리 몸에 미치는 영향을 제대로 알고, 어렸을 때부터 카페인 섭취를 조절한다면 건강하게 성장할 수 있을 것입니다.

추천 대상	초등학교 5~6학년
수업 주제	약물 오남용 예방 교육 - 카페인 중독 예방
학습 목표	카페인이 우리 몸에 미치는 영향을 이해하고, 카페인 중독을 예방하는 방법에 관해 설명할 수 있다
활동	1) 상상하며 이어 쓰기 2) 카페인 함유량 모둠별 랭킹 게임 3) 카페인 중독 예방 픽토그램 그리기

 함께 읽은 책

『커피 마신 제이크』

박혜랑 글, 조인영 그림, 책놀이터, 2022

주인공 제이크는 엄마가 늘 마시는 커피의 맛이 궁금합니다. 그러나 엄마는 "어린이는 먹는 거 아니야!"라며 마시지 못하게 합니다. 호기심 많은 제이크는 엄마가 자주 가는 카페를 찾아갑니다. 카페 주인은 "어린이는 마시면 안 될 텐데."라고 하면서도, 제이크의 간절한 요청에 커피를 건넵니다. 커피를 마신 제이크는 잠을 이루지 못하고, 결국 밤새 혼자 상상의 세계에 빠져들게 됩니다. 이 그림책은 카페인이 우리 몸에 미치는 부정적인 영향을 잘 보여 주며, 어린 시절부터 카페인 섭취에 노출되는 것이 왜 바람직하지 않은지 쉽게 설명합니다. 어른들이 마시는 커피에 호기심이 많은 학생에게 "아이들은 먹는 게 아니야!"라고 말로만 하는 것보다는, 이 책을 통해 카페인의 위험성을 간접적으로 체험하는 것이 더 효과적일 것입니다. 학생들이 카페인의 부정적인 영향을 잘 이해하고, 과잉 섭취에 빠지지 않는 방법을 익히길 바랍니다.

활동 1. 상상하며 이어 쓰기

그림책에서 커피를 마신 후 잠을 푹 자지 못하는 제이크의 모습을 보고, 다음 날 제이크가 어떻게 되었을지 상상하며 이야기를 만들어 보는 활동입니다. 이 활동을 통해 학생들은 카페인 섭취가 우리 몸에 미치는 영향에 대해 친구들과 의견을 나누면서 흥미롭게 알아보는 기회를 얻게 됩니다.

① 본문 중 제이크가 "우움…. 왜 이렇게 잠이 안 오지? 이상하네."라고 하는 장면의 뒷이야기를 상상해 봅니다.
② 활동지에 커피를 마신 후 잠을 자지 못한 제이크의 표정을 그린 다음, 제이크의 다음 날 생활이 어땠을지 상상하며 글로 작성합니다.
③ 작성한 활동지를 가지고 반 친구들 앞에서 자신이 그린 표정과 상태를 직접 몸으로 표현하며 발표합니다. 예를 들어 졸린 표정을 그린 후 "제이크는 학교에 가서 수업 시간에 계속 졸았어요."라고 작성했다면, 졸린 눈으로 의자에 앉아

1) 뒷이야기 상상하며 표정 그리기

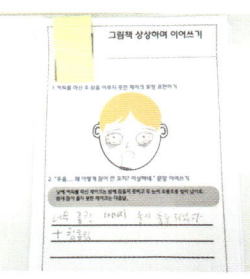
2) 뒷이야기 작성하기

3) 작성한 이야기 표현하기

꾸벅꾸벅 조는 모습을 표현합니다. 쓰기 활동에 어려움을 겪는 학생들에게는 말이나 동작으로 표현하는 기회를 제공하여 모든 학생이 자기 생각을 표현할 수 있도록 합니다.

④ 다시 책을 읽으면서 카페인이 우리 몸에 미치는 영향에 대해 자세히 배웁니다.

활동 2. 카페인 함유량 모둠별 랭킹 게임

이 활동을 통해 학생들은 다양한 식품들의 카페인 함유량을 확인하고 우리가 얼마나 많은 카페인 식품에 노출되어 있는지를 알아봅니다. 또한, 자신이 좋아하는 식품의 카페인 함유량과 몸무게에 따른 하루 섭취 권장량에 대해서도 배워 봅니다. 특히 12세 미만의 경우 카페인 섭취가 권장되지 않음을 알려 주고, 권장량을 초과할 경우 생기는 위험성에 대해서도 깊이 인식할 수 있도록 합니다.

① 카페인이 함유된 식품의 그림 카드를 만들어 코팅하고, 각 식품의 카페인 함유량을 알 수 있는 목록을 PPT로 준비합니다.
② 교사는 수업 전 교실 곳곳에 카페인 그림 카드를 숨겨 놓고, 학생들은 모둠별로 배치합니다.
③ 학생들에게 카페인 함유 식품 그림 카드라는 사실을 알리지 않고, 보물찾기 놀이처럼 반에 숨겨진 카드를 각자 2장씩 찾도록 안내합니다. 만약 카드를 찾지 못한 친구가 있다면 먼저 찾은 친구가 함께 도와줍니다.
④ 모든 학생이 카드를 찾고 나면, 교사는 "여러분이 찾은 그림 카드 속 식품들에 공통으로 함유된 것은 무엇일까요?"라고 질문합니다. 학생들은 이전 활동에서 카페인의 부작용에 대해 배운 덕분에 쉽게 '카페인'이라는 정답을 유추해 냅니다.
⑤ 각 모둠은 찾은 카드를 책상 위에 펼쳐 놓고 어떤 식품인지 확인한 뒤, 카페

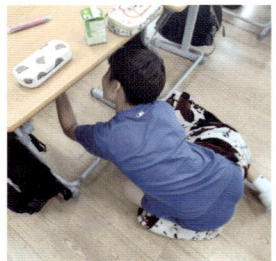  

1) 숨은 카드 찾기 2) 카페인 함유 식품 순위 정하기 3) 실제 카페인 함유량 적고 확인하기

이 많이 들어 있을 것으로 생각하는 카드를 1순위부터 5순위까지 선정합니다.

⑥ 교사가 칠판에 모둠 이름을 적으면, 각 모둠의 대표가 나와 1순위부터 5순위까지의 식품 이름을 적습니다.

⑦ 이후 교사는 카드 속 식품들의 카페인 함유량이 정리된 목록을 화면에 보여 줍니다. 학생들은 모둠에서 펼쳤던 카드를 보면서 각 식품의 실제 카페인 함우량을 확인합니다.

⑧ 각 모둠의 대표가 다시 나와서 자기 모둠의 식품 이름 옆에 카페인 함유량을 적습니다. 1순위에서 5순위를 다 맞힌 팀이 승리하며, 다 맞힌 팀이 없다면 가장 많은 순서를 맞힌 팀이 승리합니다.

⑨ 활동이 끝난 후, 교사가 준비한 수업 PPT를 다시 보며 일일 카페인 권장량을 배웁니다.

활동 3. 카페인 중독 예방 픽토그램 그리기

픽토그램은 정보를 시각적으로 전달하기 위해 사용되는 간단한 그릇이나 아이콘입니다. 픽토그램을 쓰면 정보가 직관적으로 전달되기 때문에, 화장실이나 금연 구역 등의 기호로 많이 활용됩니다. 이 활동에서는 교사가

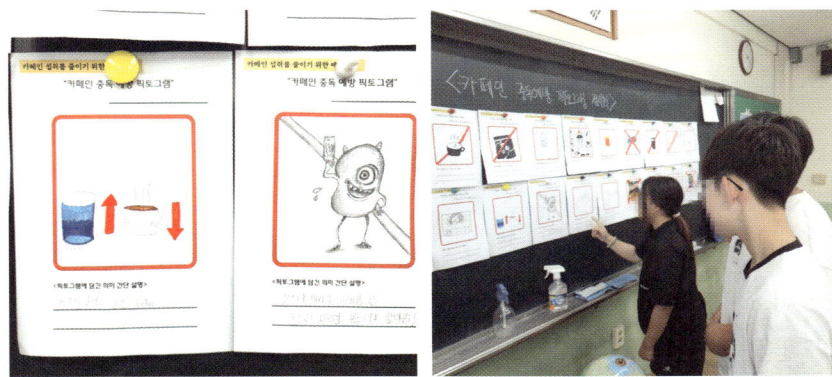

학생들에게 카페인 예방 방법에 대해 알려 준 다음, 픽토그램의 개념을 설명하고 예시 자료를 보여 줍니다. 학생들은 카페인이 포함된 커피나 에너지음료를 나타내는 픽토그램이나, 카페인 섭취를 줄이는 방법을 제시하는 픽토그램을 제작하도록 합니다.

① 활동을 시작하기 전에 교사는 학생들에게 픽토그램 활동지를 제공한 후, 학생들이 어떤 내용을 제작할 것인지 생각해 보게 합니다.
② 각자 픽토그램을 그린 후에는 친구들과 공유하고, 자신이 그린 픽토그램의 의미를 발표합니다.
③ 완성된 픽토그램은 교실이나 복도에 전시하여 학생들과 교직원들이 카페인에 대한 정보를 쉽게 이해할 수 있도록 하고, 예방 홍보로 활용합니다. 이 과정을 통해 학생들은 고카페인 식품의 섭취에 대한 위험성을 인식하고, 과잉 섭취를 줄이기 위해 노력할 수 있게 됩니다.

 **수업 Tip**

카페인 중독 예방 교육을 위해 교육부 학생건강정보센터의 [자료실]에서 마약류 포함 약물 예방 교육 자료를 참고할 수 있습니다. 또는 경남교육디지털자료관에서 '홀쭉이 탐정의 비밀' 전자책을 볼 수 있으며, 경남교육청 부서별 자료실에서 관련 그림책과 활동지를 무료로 내려받을 수 있습니다.

학생건강정보센터

'홀쭉이 탐정의 비밀' 전자책

경상남도교육청

마약류 예방
난 흔들리지 않지!

서울의 학원가에서 마약을 탄 음료를 '집중이 잘되는 약'으로 속여 학생들에게 마시게 했던 사건이 있었습니다. 이 사건은 범죄의 대상이 학생이라는 점에서 더 충격적인 뉴스였습니다. SNS에서 돈을 쉽게 많이 벌 수 있다는 아르바이트 모집 광고에 속아 자신이 마약 운반책이라는 사실도 몰랐다가 법적 처벌을 받는 청소년들도 있습니다. 일부 청소년들은 여기서 그치지 않고, 마약류 투약 등의 범죄 행위를 저지르며 마약류 노출의 위험성을 증가시키고 있습니다. 그런데 생각해 보면 마약류는 우리 주변에도 있습니다. 흔히 들어 보았던 식욕 억제제, 우울증약, 수면제, 마약성 진통제 등이 바로 그 예시입니다. 이러한 약물들은 마약류에 속하지만 쉽게 접근할 수 있어 불법 유통되는 경우가 많습니다. 특히 학교와 가장 관련 있는 약을 꼽아 보자면 ADHD(주의력 결핍 및 과잉 행동 장애) 약물일 것입니다. 이 약물은 ADHD를 겪는 학생들이 정상적인 학교 생활을 할 수 있도록 도와주지만, 한때 '공부 잘하게 되는 약', '머리 좋아지는 약'이라는 잘못된 정보가 퍼지면서 일반 학생들이 복용한 사례가 있었습니다. 해당 약물을 잘못 복용할 경우 기대한 약효는 없을 뿐더러, 두통, 불안감, 환각 등의 심각한 부작용이 발생할 수 있습니다. 따라서 적극적인 약물 오남용 예방 교육이 필요합니다.

추천 대상	초등학교 5~6학년
수업 주제	약물 오남용 예방 교육 - 마약류 예방
학습 목표	약물 오남용의 개념을 알고, 마약류 포함 약물 오남용의 위험성을 글과 그림으로 표현할 수 있다
활동	1) 그림책 빙고 놀이 2) 약물 오남용의 위험성 알기 3) "그렇다면 나는?" 4컷 만화 그리기

함께 읽은 책

『마법의 약이라고요?』

김영호 글, 김순효 그림, 책으로여는세상, 2013

『마법의 약이라고요?』에서는 힘이 세지고 싶은 원숭이, 날씬해지고 싶은 하마, 불면증 올빼미에게 늑대가 마법의 약을 팔기 위해 접근합니다. 동물들은 미래의 꿈, 건강, 마음속 사랑을 비싼 약 값 대신으로 내주고 원하는 약을 얻게 됩니다. 그러나 어느새 약에 중독된 동물들은 약 없이는 살아갈 수 없는 상태가 됩니다. 결국 약을 구하려고 애쓰다가 목숨이 위험해지기까지 합니다. 마법의 약을 먹은 동물들은 그 약이 중독을 일으킬 거라고는 꿈에도 모르고 쉽게 받아들였을 것입니다. 학생들도 이런 상황이라면 유해 약물에 대한 전문 지식이 부족해 잘못된 판단을 할 수 있습니다. 이번 수업을 통해 약물의 위험성을 인식하고, 유해 약물의 유혹을 거절하는 방법을 배웁니다.

활동 1. 그림책 빙고 놀이

빙고 게임을 통해서 수업의 흥미를 유발하고 그림책 속 중요한 키워드를 점검하는 활동입니다.

① 그림책을 읽기 전, 교사는 약물이 의약품(일반 의약품, 전문 의약품), 의약외품으로 나뉜다는 개념을 설명하고, 약물 오남용, 약물 의존, 약물 중독의 개념에 대해서도 간략하게 설명해 줍니다.
② 그다음, 그림책 빙고 놀이 방법을 설명합니다. 『마법의 약이라고요?』에는 3가지 약이 등장하므로, 그림책을 다 읽은 후 3가지 약을 모두 기억할 수 있도록 안내합니다.
③ 교사와 함께 그림책을 읽으면서 학생들은 약물과 관련 있다고 생각되는 단어를 빈 종이에 메모합니다.
④ 그림책을 읽은 후 교사는 어떤 단어가 있었는지 학생들과 이야기하며 9개의 단어를 선정해 칠판에 적습니다.
⑤ 학생들은 노트나 A4 종이에 3×3 빙고 칸을 그리고 칠판에 있는 9개의 단어를 채워 빙고 게임을 준비합니다.
⑥ 교사는 칠판에 쓴 단어로 빙고 게임을 하면서 수업 진행을 위해 기억할 내용을 다시 한번 확인합니다.

 **수업 Tip**

한국마약퇴치운동본부 인천지부의 [예방교육 신청] - [온라인 교육]에서 '마법의 약이라고요'를 검색하면 그림책 영상을 무료로 볼 수 있습니다.

『마법의 약이라고요?』
영상

활동 2. 약물 오남용의 위험성 알기

우리 주변에서 쉽게 접할 수 있는 마약류 약물의 오남용 사례를 소개함으로써 경각심을 자극하는 활동입니다.

① 그림책을 읽은 후 원숭이, 하마, 올빼미 친구들이 복용한 약물의 부작용에 대해 이야기를 나눕니다. 원숭이는 짜증이 많아지고 몸에 빨간 점이 생깁니다. 하마는 살은 빠졌지만 기운이 없어서 누워만 있고, 올빼미는 오히려 잠을 더 잘 수가 없게 되었습니다. 의사의 처방 없이 임의로 약물을 오남용한 결과입니다.
② 학생들에게 일상생활에서 쉽게 접할 수 있는 약물 오남용 사례와 그 위험성에 대해 구체적으로 설명합니다. 예를 들면 편의점에서 쉽게 구매할 수 있는 에너지 음료나 카페인 음료 등을 시험 기간에 각성하려는 목적으로 많이 마실 경우 불면증, 두통, 혈압 상승 등의 부작용이 나타날 수 있습니다.
③ 마지막으로 교사는 PPT로 OX 퀴즈를 제작하여 배운 내용을 확인하며 정리합니다.

활동 3. "그렇다면 나는?" 4컷 만화 그리기

만약 유해 약물을 하도록 권유 받았을 때, 어떻게 거절할 것인지 약물 오남용의 위험성 내용을 포함하여 활동지에 4컷 만화를 그려 봅니다.

① 활동지에는 그림책에 등장했던 늑대가 "마법의 약이 있는데 한번 먹어 볼래?"라며 유혹하고 있습니다. 유혹하는 늑대에게 어떻게 할지 나머지 3칸을 상상하여 그립니다. 만화를 그리는 도구는 색연필, 사인펜 등 자유롭게 선택하도록 안내합니다.

② 그림을 다 그린 후에는 학생들의 작품을 모아 교실 뒤 게시판에 전시하여 공유합니다. 전시된 작품을 함께 보면 2가지 효과를 얻을 수 있습니다. 하나는 내가 생각하지 못했던 친구들의 다양한 생각을 알 수 있으며, 또 하나는 우리와 상관없는 일이라고 생각했던 유해 약물 사용에 대한 경각심을 불러일으킬 수 있습니다.

> 💊 **수업 Tip**
>
> 4컷 만화는 4개의 칸 안에 자기의 생각을 글과 그림을 통해 함축적으로 표현할 수 있습니다. 또한 학생들이 만화에서 전달하고자 하는 메시지를 한눈에 읽을 수 있다는 장점이 있습니다.

4장

성교육

성교육은 존중과 책임을 강조하는 과정입니다. 여기서는 생명 탄생, 사춘기의 신체적 변화, 사춘기의 정서적 변화, 이성 교제, 월경, 성폭력 예방, 디지털 성폭력 예방, 경계 존중 등 8가지 주제를 다루고 있습니다. 학생들이 이 8가지 이야기를 통해 성에 대해 올바르고 긍정적인 생각을 형성하고, 자신과 타인을 존중하며, 생명의 소중함을 깨닫기를 바랍니다.

생명 탄생
소중한 생명의 탄생

"나는 어떻게 태어났을까?" 이 한마디에는 수정, 임신, 출산의 내용이 포함되어 있습니다. 정자와 난자가 만나 수정되면 엄마 뱃속에서 무럭무럭 자란 후 출산의 과정을 거쳐야 비로소 하나의 생명체가 세상의 빛을 보게 됩니다. 요즘 학생들은 신체 성장이 빨라져서 초경 나이가 앞당겨지고 있습니다. 초등학교에서부터 성에 대한 올바른 개념을 심어 주어야 하는 이유이며, 그중 중요한 것이 임신과 출산입니다. 동시에 소중한 생명 탄생에 대한 책임감과 부모님을 향한 감사함을 알아야 합니다. 그래야 성을 가볍게 생각하지 않기 때문입니다. 학생들이 성의 무거움을 잘 모르면 호기심으로 성관계를 했다가 덜컥 임신이 되기도 합니다. 학생들에게 임신과 출산은 궁금해도 물어보기는 민망한 주제일 수 있습니다. 그래서 혼자 인터넷 검색을 하다가 잘못된 성 지식을 가질 수도 있습니다. 학생들이 임신과 출산에 대한 올바른 지식을 배우고, 부모님에게 감사한 마음을 갖는다면 생명 탄생을 책임감 있게 여기는 어른으로 성장하게 될 것입니다.

추천 대상	초등학교 1~6학년
수업 주제	성교육 - 생명 탄생
학습 목표	태아가 성장하는 과정을 알고, 부모님께 감사한 마음을 글로 표현할 수 있다
활동	1) 소리를 맞혀 봐요 2) 태아 편지지 만들기 3) 엄마에게 하고 싶은 말이 있어요

 함께 읽은 책

『네 심장이 콩콩콩』

김근희 글·그림, 한솔수북, 2017

엄마의 임신과 출산 과정을 색색의 바느질 자수로 따뜻하게 표현한 그림책입니다. 아기가 엄마에게 온 순간부터 엄마 배 속에서 무럭무럭 자라서 세상 밖으로 나오기까지의 과정이 순서대로 그려져 있습니다. 이 책에는 길게 늘어진 실이 계속 등장합니다. 엄마와 배 속의 아기를 연결해 주는 탯줄을 의미하는데, 글을 보지 않고 그림만 보아도 부모의 사랑이 고스란히 느껴집니다. 이 책을 통해 학생들이 자주 묻는 "아기는 어떻게 태어나요?"라는 질문에 답할 수 있으며, 읽다 보면 아기가 얼마나 자라고 있는지 알 수 있는 문구가 힌트처럼 곳곳에 적혀 있어서 태아가 지금 몇 개월 정도 되었는지 짐작하며 읽는 재미가 있습니다. 학생들은 자신이 태아가 되었다고 상상하며 책을 읽고, 부모님에게 얼마나 소중하고 사랑스러운 존재인지 느낄 수 있습니다.

활동 1. 소리를 맞혀 봐요

그림책을 읽기 전, 먼저 소리로 접근해 보는 활동을 합니다. 학생들이 눈을 감고 온몸의 감각을 곤두세워 소리만 듣고 생각하는 시간을 가지면, 본격적인 수업 전에 집중력을 높일 수 있습니다.

① '태아 심장 소리'를 인터넷에 검색하면 다양한 초음파 영상이 있습니다. 그중 하나를 골라 학생들에게 소리만 들려주면서 무슨 소리인지 맞혀 보게 합니다. 아무런 정보도 없이 무작정 소리만 들려주면 처음에는 바람 소리 같기도 하고 기차 소리처럼 들리기도 합니다.

② 같은 소리를 두 번 들려주어도 정답이 나오지 않으면 '엄마'라는 단어 힌트를 줍니다. 그러면 학생들은 "아기 심장 소리요!"라고 쉽게 정답을 찾아냅니다.

③ 정답이 나오면 태아 초음파 영상을 공개합니다. 영상 속에는 검은색 동그라미 안에 작은 태아가 꼬물꼬물 움직이고 있고, 기차 소리라고 생각했던 그 소리가 실제로는 건강한 태아의 심장 소리로 들립니다. 나는 태아였을 때 어떻게 자랐을지 상상해 보며 그림책을 읽습니다.

활동 2. 태아 편지지 만들기

임신 기간 동안 엄마와 아기에게 어떤 변화가 생기는지를 아는 학생은 거의 없습니다. 따라서 그림책과 연계하여 이 과정을 먼저 PPT로 설명합니다. 그림책에는 태아의 신체적 성장 과정 특징이 글로 표현되어 있습니다. 예를 들면 '작은 심장도 콩콩콩 힘차게 뛰었어요'라는 표현을 통해 태아의 성장 정도를 짐작해 볼 수 있습니다. 태아의 심장 소리를 들을 수 있는 시기는 임신 6~7주입니다. 이 시기에 엄마는 속이 메스껍고 피곤하며 기운이 없어지는 등 신체적 변화를 겪습니다. 임신 기간 동안의 변화를 배운 후에는 부모님에게 드릴 편지지를 제작해 봅니다.

① 배운 내용을 바탕으로 학생들은 '캔바'를 이용하여 태아 발달 과정을 담은 편지 만들기를 합니다. 교사가 수업 전에 미리 편지 모양을 만들어 보고 결과물을 학생들에게 보여 주면 만들기를 이해하는 데 도움이 됩니다.
② 학생들은 캔바에 로그인한 후 홈에서 '편지지'를 검색합니다. 검색 결과로 제작되어 있는 디자인들이 나오는데 여기서 자기가 원하는 편지지를 고르게 합니다. 이때 무료, 유료 버전을 모두 자유롭게 사용할 수 있습니다.
③ 왼쪽에 있는 [요소]를 클릭합니다. 교사는 학생들과 함께 어떤 단어를 검색하면 좋을지 이야기 나누고, 생명 탄생에 관한 검색어인 태아, 엄마, 아기 3가지 키워드를 활용해 보기로 합니다. 편지지에는 내가 태아였을 때를 상상하며 함께 이야기한 요소를 검색하여 마음에 드는 그림을 골라서 넣습니다. 만들고 있는 편지지에 부모님께 드리는 편지를 쓸 거라고 미리 알려 주면 학생들이 더 정성스럽게 만듭니다.

활동 3. 엄마에게 하고 싶은 말이 있어요

그림책에서 엄마는 "네가 엄마 배 속에 생겼다는 걸 알았을 때부터 사랑했다"라고 말합니다. 부모님의 사랑으로 내가 이 자리에 있다는 마음을 느낀 학생들은 감사함을 표현하는 편지를 써 봅니다. 편지는 [활동 2]에서 제작한 편지지에 씁니다.

① 캔바로 제작한 편지지에 텍스트 상자를 추가해 편지를 씁니다. 글씨 크기나 글꼴도 자유롭게 선택하여 작성합니다. 편지를 쓸 때 자신이 지금 엄마 뱃속의 아기가 되었다고 상상하면서 작성합니다.
② 만약 학생들이 태아의 입장을 상상하기 어려워하면, 평소 가정에서 부모님께 들었던 자신의 탄생 이야기를 편지 내용에 포함하도록 합니다. 또한 캔바가 아닌 손 편지로 마음을 전하고 싶은 학생이 있다면, 학생이 제작한 편지지를 프린

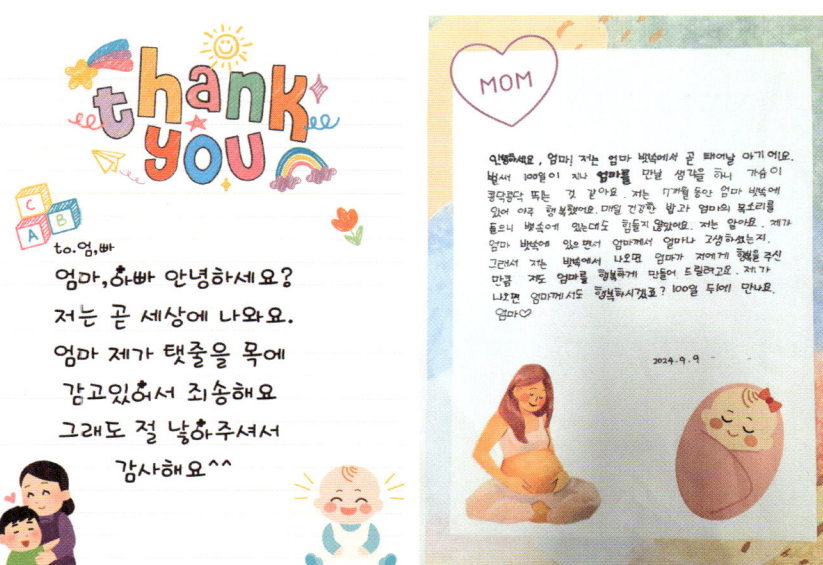

트하여 줍니다.

③ 완성된 편지는 학생이 온라인으로 부모님께 전송하거나, 손 편지는 집에 가져가서 부모님께 직접 전해 드리며 감사의 마음을 표현합니다.

사춘기 신체적 변화
내 몸을 알아봐요

　사춘기는 어린이가 성인으로 성장하는 과정에서 중요한 변화를 겪는 시기입니다. 이 시기에는 성호르몬의 분비가 활발해지면서 신체 전반에 걸쳐 다양한 변화가 일어납니다. 특히 남녀 모두에서 이차 성징이 두드러지게 나타나며, 이러한 급격한 신체 변화는 심리적으로 불안하거나 예민한 반응을 유발할 수 있습니다. 부정적인 선입견이 생기기 전에 남녀의 신체적 변화를 이해하고 올바르게 대처하는 방법을 미리 알면 현명하게 사춘기를 맞이할 수 있습니다. "혹시 저 암이 아닌지 모르겠어요. 가슴이 아프고 딱딱해요."라며 고민을 이야기한 초등학교 4학년 여학생에게 사춘기가 시작되고 있으니 축하한다고 상담을 한 적이 있습니다. 개인차가 있지만, 영양 상태나 사회·경제적 여건이 좋아지면서 사춘기가 빨라지고 있습니다. 초등학교 시절의 사춘기는 어른들에게는 모두가 겪은 자연스러운 일이지만, 학생들에게는 두려움과 부끄러움을 동반하는 큰 변화로 다가올 수 있습니다. 이러한 순간에 학생들이 사춘기가 성장의 일부라는 것을 깨닫고, 현명하게 대처할 수 있는 교육이 필요합니다.

추천 대상	초등학교 5~6학년
수업 주제	성교육 - 사춘기 신체적 변화
학습 목표	사춘기의 신체적 변화를 알고, 사춘기를 건강하게 보내는 방법을 설명할 수 있다
활동	1) 책 표지 퍼즐 맞추기 2) 사춘기 메모리 카드 게임 3) 사춘기 꿀팁 깃발 만들기

 함께 읽은 책

『이상한 곳에 털이 났어요!』

배빗 콜 글·그림, 최성희 옮김, 삼성당아이, 2008

아기곰 '테드'가 들려주는 사춘기 변화를 솔직하고 친근하게 그린 성교육 그림책으로, 어린이 눈높이에 맞춰 쉽게 설명해 줍니다. 책에서는 사춘기가 호르몬의 변화로 신체에 변화가 생기는 것이며, 이러한 변화는 모두가 경험하는 자연스러운 일이라고 강조합니다. 체모가 나기 시작하거나 목소리가 변하는 등 사춘기에 일어나는 신체적 변화를 보면서 자신에게도 같은 변화가 일어날 것을 알아 가도록 합니다. 이 책을 통해 사춘기의 신체적 변화를 긍정적으로 받아들이고, 자신을 사랑하는 마음을 가질 수 있기를 기대합니다.

활동 1. 책 표지 퍼즐 맞추기

그림책을 읽기 전 학생들의 동기 유발을 위하여 책 표지 퍼즐 맞추기 활동을 합니다. 이 활동은 자연스러운 분위기로 사춘기의 신체적 변화에 대한 수업을 진행할 수 있고, 학생들의 흥미를 끌어낼 수 있습니다.

① 교사는 그림책 제목의 '털' 글자를 가린 다음, 책 표지를 모둠 수에 맞게 프린트하여 9조각의 퍼즐로 만듭니다. 퍼즐을 맞추기 위해서 한 모둠씩 앉도록 하고 9조각 퍼즐을 각 모둠에게 나누어 줍니다.

② 학생들은 9조각 퍼즐을 맞춰 그림을 완성한 후, 그림책 제목에 비어 있는 글자를 맞혀 봅니다.

③ 정답이 나오지 않는다면 교사는 "표지 그림에서 동물이 돋보기로 무엇을 보고 있나요? 한 글자입니다."라는 힌트를 제공합니다. 그러면 학생들이 답을 금방 찾아냅니다.

④ 사춘기가 되면 호르몬의 변화로 우리 몸에 털이 난다는 점을 알려 줍니다. 이를 연결하여 학습 주제인 사춘기의 신체적 변화를 안내하고 그림책 읽기를 시작합니다.

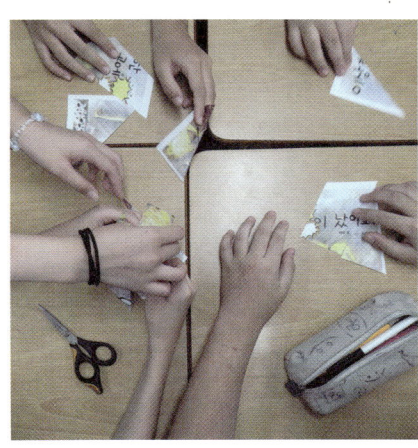 

활동 2. 사춘기 메모리 카드 게임

그림책을 읽고 호르몬 변화에 따른 신체적 변화를 찾아보는 활동입니다. 이 활동을 통해 사춘기의 신체적 변화에 어떤 것이 있는지 정확히 알 수 있습니다.

① 학생들에게 그림책에 있는 내용 중에서 여자, 남자 각각의 신체 변화와 공통적인 신체 변화의 키워드를 자유롭게 말해 보게 하고 그중 9개의 키워드를 칠판에 적습니다. 키워드 내용으로는 '몽정, 월경, 키가 큼, 털이 자람' 등의 내용이 포함됩니다.

② 교사는 메모리 게임을 위해 빈 카드 9장을 모둠별로 나누어 줍니다. 모둠에서는 칠판에 적은 9개 키워드를 빈 카드 하나에 하나씩 적고, 글자가 보이지 않게 뒤집어 놓습니다.

③ 게임은 모둠별로 진행하고, 모둠에서 가위바위보를 하여 게임 진행 순서를 정합니다. 교사가 "여자의 신체적 변화 카드를 찾으세요."라고 하면 각 모둠에서 여자의 신체적 변화 카드 2장을 기억했다가 뒤집습니다.

④ 카드를 맞게 뒤집은 학생이 카드 2장을 가져갑니다. 같은 방법으로 남자의 신체적 변화, 남녀 공통적 변화도 찾아보게 하면서 게임을 진행합니다.

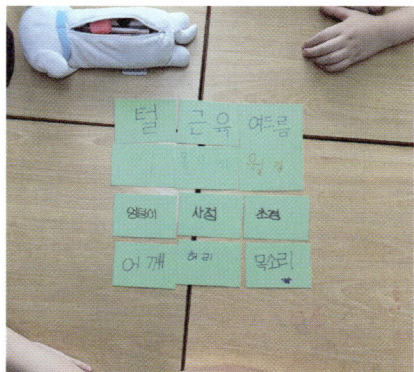

⑤ 바닥에 뒤집어 놓은 카드가 없어지면 게임을 종료하고 카드를 가장 많이 가진 학생을 메모리 왕으로 선정합니다.

활동 3. 사춘기 꿀팁 깃발 만들기

사춘기 남자, 여자에게 어떤 신체적 변화가 나타나는지 알았다면 새로운 변화에 당황하지 않고 나의 몸을 건강하게 관리하는 방법을 알아보는 활동입니다.

① 그림책 마지막 부분에서 아기 곰 테드는 사춘기 주인공에게 자기 몸을 스스로 관리할 줄 알아야 건강한 어른으로 성장할 수 있다고 말합니다. 교사는 변화하는 몸을 어떻게 관리할 수 있는지 PPT를 통해 간단히 설명합니다. 예를 들어, 호르몬 때문에 몸에서 냄새가 날 수 있으니 깨끗하게 씻기, 여드름이 나도 무조건 짜지 않기, 생식기는 매일 미지근한 물로 씻어 청결 유지하기 등의 내용을 알려 줍니다.

② 배운 내용을 정리하기 위해 모둠별로 A4 종이와 나무젓가락, 테이프를 하나씩 나누어 주고 사춘기 꿀팁 깃발 만들기를 합니다. '알려 줄게. 사춘기 꿀팁 전수'

라는 문구를 제목으로 하고 모둠별로 상의하여 사춘기를 잘 보내는 방법 또는 알려 주고 싶은 내용을 3가지 적도록 합니다. A4 종이를 깃발 모양으로 잘라서 작성하고 사인펜이나 색연필로 예쁘게 꾸며도 좋다고 안내합니다.
③ 작성한 종이는 나무젓가락에 테이프로 붙여 고정합니다.
④ 모둠별로 완성된 깃발은 빈 페트병에 꽂아 교실 뒤편에 전시하도록 합니다. 이를 통해 다른 친구들은 어떤 내용을 썼는지 보고, 사춘기 생각을 공유해 봅니다. 그리고 각자 스스로 사춘기를 잘 보낼 수 있다는 자신감을 느끼게 될 것입니다.

사춘기 정서적 변화
너의 빛나는 사춘기를 응원해

　애니메이션 〈인사이드 아웃 2〉는 사춘기 감정의 변화를 매우 잘 드러내어 큰 인기를 끌었습니다. 이 영화는 뇌의 급격한 발달로 인해 겪는 감정의 변화, 즉 사춘기의 감정을 잘 다루고 있습니다. 사춘기 동안 청소년들은 신체적 성장과 함께 여러 정서적 변화를 경험하며, 이는 중요한 발달 과정으로 여겨집니다. 이 시기를 '질풍노도의 시기'라고 부르며, 청소년들은 다양한 감정을 느끼고 정체성을 형성하며 사회적 관계를 재정립하게 됩니다. 하지만 요즘 많은 학생이 자신의 존재를 부정하거나, 자신을 있는 그대로 인정하지 못하고 왜곡된 생각을 하곤 합니다. 따라서 사춘기 동안 겪는 변화에 대해 정확히 이해하고, 자신을 있는 그대로 받아들이는 것이 '내가 나로 성장'하는 첫걸음이라는 점을 알려주는 것이 중요합니다. 보건실에 찾아오는 학생들과 대화를 나누다 보면 "요즘 제가 왜 이러는지 모르겠어요." 또는 "부모님이 간섭해서 짜증이 나요."라는 이야기를 자주 듣습니다. 이들은 한편으로는 자신이 버릇없이 행동한 것은 아닌가 하는 죄책감도 느끼고 있다고 합니다. 혼란의 시기에 있는 학생들은 자신이 겪는 감정의 변화를 잘 이해하지 못할 때가 많습니다. 이런 경우 사춘기를 자연스러운 과정으로 받아들이고, 의미 있는 시간을 보낼 수 있도록 도와주는 방법이 중요합니다.

추천 대상	초등학교 5~6학년
수업 주제	성교육 - 사춘기 정서적 변화
학습 목표	사춘기의 정서적 변화를 이해하고, 올바른 대처 방법을 설명할 수 있다
활동	1) 사춘기 감정 스펙트럼 2) 나의 사춘기 뇌 구조도 3) 우리 반 사춘기 선언문 작성

 함께 읽은 책

『중요한 사실』

마거릿 와이즈 브라운 글, 최재은 그림, 최재숙 옮김, 보림, 2005

『중요한 사실』은 우리가 너무나 당연하게 여기는 것들이 사실은 매우 중요하다는 것을 알려 주는 내용입니다. 일상생활에서 흔히 사용하는 도구들, 자연현상, 일상적으로 먹는 음식들의 소중함을 미처 깨닫지 못하고 "그건 당연한 거 아니야?"라고 생각할 수 있지만, 이 책을 읽음으로써 내 주변에 소중하지 않은 것은 없다는 것을 깨달을 수 있습니다. 이러한 사소한 소중함 중에서도 '나'에 관한 중요한 사실을 알게 되는 책입니다. 특히, 호르몬 변화와 뇌의 급격한 발달로 인해 몸과 마음의 변화를 겪는 사춘기 학생들에게 중요한 메시지를 던지는 그림책입니다. 또한 뇌의 가지치기를 통해 좋은 자극과 경험을 받아들이는 사춘기 학생들에게는 "너는 지금 아주 잘하고 있어! 너를 응원하고 있어!"라는 메시지를 전달해 주는, 마치 선물 같은 책입니다.

활동 1. 사춘기 감정 스펙트럼

사춘기 감정 스펙트럼 활동은 학생들이 자신의 현재 감정과 기분을 이해하고 표현하는 데 도움을 주는 활동입니다. 스펙트럼은 긍정적인 감정만을 생각하는 것이 아니라, 부정적인 감정도 포함하여 나의 감정 범위를 넓게 바라보는 것입니다. 이 활동을 통해 사춘기 동안 겪는 다양한 감정을 이해하고, 서로의 감정에 대해 공감하며 소통하는 기회를 제공하고자 합니다.

① 칠판에 가로로 긴 선을 그린 후, 한쪽 끝에는 '긍정적 감정'(예: 행복, 기쁨, 멋짐)이라고 적고, 반대쪽 끝에는 '부정적 감정'(예: 슬픔, 분노, 짜증)이라고 적습니다. 중간에는 '중립적 감정'(예: 평온, 무관심)이라고 적습니다.

② 포스트잇을 사용해 각자의 감정을 적고 칠판 위 해당하는 위치에 붙여 감정 스펙트럼을 만듭니다.

③ 학생들이 자신의 감정을 스펙

트럼에 표시한 후, 각자의 감정에 관해 이야기하는 시간을 가집니다. 이때, 왜 그런 감정을 느꼈는지, 어떤 상황에서 발생했는지를 공유하게 합니다. 이 과정에서 서로의 감정을 이해하고 공감하는 기회를 제공합니다.

 **수업 Tip**

사춘기의 감정, 느낌, 떠오르는 단어 등을 알아보는 활동으로 '브레인스토밍', '연꽃 기법', '빙고 게임' 등 다양하게 진행해 볼 수 있습니다.

활동 2. 나의 사춘기 뇌 구조도

사춘기는 뇌 구조와 기능에서 중요한 변화가 일어나는 시기로, 감정 조절, 사회적 인지, 충동성 등에 영향을 미칩니다. 이번 활동에서는 뇌의 급격한 발달로 인해 사춘기 동안 겪는 다양한 변화 중 나에게 중요한 '사춘기' 사실들을 뇌 구조도로 표현해 봅니다. 이를 통해 현재 나에게 중요한 감정들에 대한 우선순위를 생각해 보는 기회를 제공하고, 자신을 더욱 소중하게 여기는 계기가 될 것입니다.

① 뇌 구조도 도안에 가장 큰 원을 먼저 그린 후, 현재 나에게 가장 중요한 것을 적습니다.
② 중요도에 따라 원의 크기를 조정하여 내용을 작성합니다.
③ 마지막으로 나의 사춘기에 관한 가장 중요한 사실 한 가지를 문장으로 적고, 이를 위해 내가 노력하는 한 가지를 적어 사춘기의 변화에 잘 대처하도록 돕습니다.

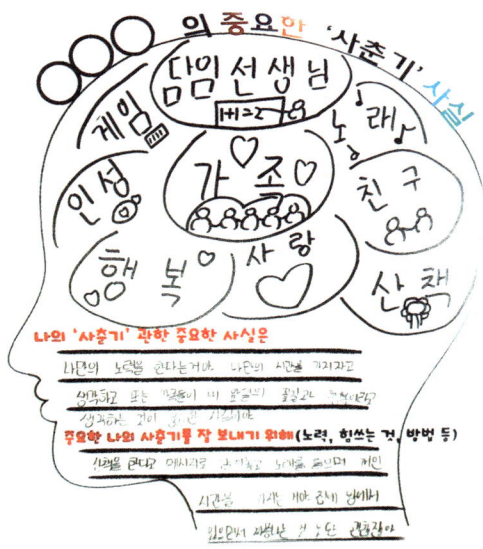

활동 3. 우리 반 사춘기 선언문 작성

선언문 작성을 통해 자신의 사춘기 변화에 대한 이해를 높이고, 반 친구들의 사춘기 변화도 긍정적으로 받아들이며 서로의 경험을 존중합니다. 이를 통해 건강하게 성장할 수 있다는 메시지를 나눌 수 있습니다.

① 개별적으로 포스트잇에 사춘기를 잘 보내기 위한 문장을 하나 작성한 후, 각자가 작성한 선언문을 칠판에 붙입니다.
② 모둠별로 앞에 나와서 반 친구들이 작성한 선언문을 차례로 읽고, 마음에 드는 문장에 스티커를 붙입니다.
③ 마지막으로 가장 많은 스티커를 받은 선언 문장 5가지를 선정합니다. 우리 반의 선언문이 완성되면, 모두 함께 큰 소리로 읽어 보며 사춘기를 잘 보내기 위한 다짐을 나누어 봅니다.

1) 사춘기 선언문
포스트잇 작성

2) 칠판에 선언문
붙이기

3) 마음에 드는 선언문
투표

4) 선언문 5가지 선정

> 💊 **수업 Tip**
>
> 각자가 작성한 선언문을 활용해 '릴레이 우리 반 사춘기 선언북'을 만들어서 학급에 비치할 수도 있습니다.

경계 존중
내 의자를 지켜 줘

　경계 존중 교육이란, 개인 간 경계를 인식하고 그것을 존중하고 배려하는 태도를 가르치는 교육을 의미합니다. 경계는 나와 타인을 존중하는 시작점이며, 어려서부터 경계의 의미를 알려 주는 것이 필요합니다. 왜냐하면, 경계를 지킬 줄 알아야 타인에게 피해를 주지 않고, 내가 경계를 침범당했을 때 어떻게 대응해야 할지 스스로 판단할 수 있기 때문입니다. 그래서 경계 존중 교육은 암기하는 것이 아니라 친구들과 함께 서로의 생각을 공유하는 과정을 거치면서 스스로 알아가는 방법이 효과적입니다.

　훌쩍거리면서 보건실에 온 학생이 있었습니다. 팔에는 손톱에 긁힌 것 같은 자국에 피가 조금 나고 있었습니다. 어떻게 된 일인지 물었더니 쉬는 시간에 친구와 장난을 치다가 친구가 넘어질 것 같아서 잡아 줬는데 화를 내면서 뿌리쳤다는 것입니다. 그러는 과정에서 생긴 상처였습니다. 친구가 왜 화를 냈는지 모르겠고, 자기도 상처가 났는데, 화난 친구한테 말하진 못하고 서러워서 보건실에 왔다고 했습니다. 친구는 자기의 동의 없이 몸에 손을 댄 것이 화가 났을 것이고, 보건실에 온 학생은 친구를 도와주려고 했던 건데 상처까지 입어서 속상한 상황이었습니다. 간혹 학생들은 신체적인 경계를 지키는 것만 경계를 존중하는 일이라고 생각하기도 합니다. 하지만 우리가 지켜야 할 경계는 신체뿐만 아니라 마음, 공간, 언어 등 광범위합니다. 경계 존중 교육을 통해 학생들이 서로를 존중하는 방법을 안다면 성폭력, 학교 폭력도 예방할 수 있을 것입니다.

추천 대상	초등학교 1~6학년
수업 주제	성교육 - 경계 존중
학습 목표	경계 존중을 해야 하는 이유를 이해하고, 서로의 경계를 존중하는 방법을 말할 수 있다
활동	1) 멈춤 거리 생각해 보기 2) 감정 알아보기 3) 확성기로 존중 말하기

함께 읽은 책

『곰씨의 의자』

노인경 글·그림, 문학동네, 2016

혼자만의 시간을 즐기는 곰 앞에 토끼 두 마리가 나타납니다. 두 토끼는 결혼하고 곧 토끼 아이들이 태어났습니다. 점점 많아지는 토끼 아이들 때문에 곰은 그동안 혼자 즐기던 일을 하기가 어려워집니다. 그런데 이런 불편한 마음을 직접 말하지 못해 힘든 시간을 보냅니다. 곰은 말하는 대신 긴 의자에 토끼들이 아무도 앉지 못하게 누워 있거나, 의자에 페인트를 칠하는 등의 행동을 합니다. 하지만 토끼들은 곰의 마음을 알아차리지 못합니다. 결국, 곰은 솔직하게 자신의 마음을 토끼들에게 말로 전하고 곰의 속마음을 알게 된 토끼들이 조심하면서 모두가 행복해집니다.『곰 씨의 의자』는 곰과 토끼 사이의 경계에 대하여 생각하게 하는 그림책입니다. 가볍게 보면 그저 재미있는 이야기처럼 보이지만 가만히 생각해 보면 우리 주변에서 흔히 일어나고 있는 일이기도 합니다. 학생들은 자신이 곰 또는 토끼의 상황이라면 어떻게 할지 이야기해 볼 수 있습니다. 이를 통해 서로의 감정선을 따라가며 건강하게 경계를 지키는 방법을 찾을 수 있을 것입니다.

활동 1. 멈춤 거리 생각해 보기

그림책 내용 중 곰은 혼자만의 시간이 필요한데 토끼는 곰의 주위에서 떠나지 않습니다. 곰의 경계를 이해하지 못했기 때문입니다. 이처럼 학생들도 내가 좋다면 친구도 좋을 것이라는 생각으로 친구의 경계를 지키지 못해 갈등이 생기기도 합니다. 이번 활동을 통해 '경계'의 거리가 사람마다 다르다는 것을 알아봅니다.

① 활동하기 전 교사는 줄자와 바닥에 붙일 두꺼운 마스킹 테이프를 준비합니다. 줄자로 1m 거리를 재어서 테이프를 바닥에 붙입니다.
② 여학생 2명, 남학생 2명을 앞으로 나오게 합니다. 학생 선정은 교사가 무작위로 해도 되고 활동을 원하는 학생이 나와도 됩니다.
③ 여학생 1과 여학생 2는 서로 마주 본 상태로 테이프 양쪽 끝에 섭니다. 활동 공간이 넓다면 더 멀리 거리를 잡아도 좋습니다. 먼저 여학생 1이 여학생 2에게 다가갑니다. 여학생 2는 여학생 1이 부담스럽다고 느껴지는 거리까지 다가오면

"멈춰!"라고 외칩니다. 멈춘 거리를 확인하고 여학생 1과 여학생 2의 역할을 바꾸어 멈춤 거리를 측정합니다.

④ 남학생 2명도 같은 방법으로 활동하고 거리를 측정합니다. 학생마다 멈춤 거리는 다양합니다. 1m 거리에서 한 걸음도 가까이 오지 말라고 멈춤을 외치기도 하고, 친구끼리 와락 껴안기도 합니다.

⑤ 학생들과 함께 멈춤 거리를 확인하며, 다 같은 친구들인데 왜 멈추라는 거리가 다른지 생각하며 그림책을 함께 읽습니다.

활동 2. 감정 알아보기

그림책을 함께 읽으면서 학생들이 곰의 입장이 되어 토끼에게 자기의 경계를 침범당했을 때 어떤 감정이 드는지 생각하고 표현해 보는 활동입니다.

① 교사는 그림책 내용에서 곰과 토끼가 처음 만나서 함께 즐겁게 지내는 장면까지 읽어 주고 멈춥니다. 그리고 학생들에게 "곰과 토끼가 처음 만났을 때, 곰의 감정은 어떨 것 같나요?"라고 질문합니다.

② 학생들은 곰과 토끼의 감정을 상상하여 교사가 나누어 준 활동지에 적습니다.

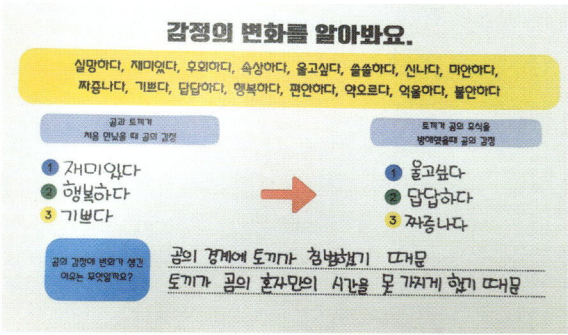

활동지에는 우리가 느끼는 다양한 감정들을 예시로 제시합니다. 예시 아래에 있는 두 개의 네모 칸 중, 왼쪽에 곰의 예상되는 감정을 골라 3가지를 적습니다.

③ 그림책의 남은 이야기를 계속 읽습니다. 후반부에는 휴식을 방해받는 곰이 괴로워하는 모습이 나옵니다. 그림책을 모두 읽은 후 "토끼가 곰의 휴식을 방해할 때 곰은 어떤 감정을 느꼈을까요?"라고 질문합니다.

④ 예시 아래에 있는 네모 칸 중, 오른쪽에 곰이 느꼈을 감정을 골라서 적습니다. 그리고 가장 아랫줄에는 "곰에게 이런 감정의 변화가 생긴 이유는 무엇일까요? 무엇이 침범당해서 그렇게 느꼈을까요?"에 대해 자기 생각을 쓴 후 발표를 통해 생각을 공유하도록 합니다.

🟡 수업 TIP

곰의 감정을 선택해 보는 활동을 할 때 활동지를 이용해도 되지만 모둠을 구성해서 감정 카드를 활용해도 좋습니다.

활동 3. 확성기로 존중 말하기

[활등 2]에서 자신이 경계를 침범당했을 때 어떤 감정이 생기는지 알아보았다면, 이번에는 나와 친구의 경계를 모두 지키기 위해 서로를 존중하는 방법에 대해 생각하는 활동을 진행합니다. 이 활동을 통해 저마다의 다양한 생각을 듣다 보면 사람마다 경계가 모두 다르다는 걸 깨닫고, 상대방의 생각을 짐작하여 가볍게 행동하지 않아야 함을 알게 될 것입니다.

① 교사는 학생들에게 2가지 질문을 합니다. 첫 번째는 '만약 내가 경계를 침범당한 상황이라면, 상대방이 나에게 어떻게 해야 경계를 지킬 수 있었을까?'입니다. 두 번째는 '나의 경계를 지키려면, 상대방에게 나의 감정을 어떻게 표현할 수 있을까?'입니다. 답은 머릿속으로 생각해도 되고 빈 종이에 적어도 좋습니다. 개인의 경계 범위에 정답이 없듯이, 이 질문 또한 정답이 없으므로 자기 생각을 진솔하게 표현하도록 합니다.
② 교사는 미리 준비한 모형 확성기를 발표할 학생에게 건넵니다. 확성기로 발표하는 이유는 그림책 속 곰처럼 괴로운 마음을 담아두지 말고 소리 내어 말해 자신의 경계를 인지하기 위함입니다.
③ 한 명의 학생이 2가지 질문에 답한 후, 발표를 원하는 다른 학생에게 확성기를 넘기는 방법으로 여러 가지 생각을 듣습니다.

이성 교제
사랑의 화분을 싱그럽게 가꾸자!

    사춘기 학생들은 호르몬 변화로 인해 신체적, 정서적으로 매우 많은 변화를 겪습니다. 이 시기에는 동성 친구에게 향하던 관심이 자연스럽게 이성 친구에게로 옮겨 가는 경우가 많습니다. 이러한 감정 변화는 그 자체로도 혼란스러울 수 있으며, 이성 친구와의 관계에서는 더욱 그렇습니다. 이성 교제는 감정의 소통과 이해를 바탕으로 이루어져야 하며, 이를 잘못 다루면 서로에게 상처를 줄 수 있습니다. 따라서 이 시기에 적절한 성교육을 통해 이성 교제에 대한 올바른 가치관을 형성하는 것이 매우 중요합니다. 하지만 이러한 호기심을 처음으로 경험하는 학생들에게는 쉽지 않은 일입니다. 이로 인해 자신이 느끼는 감정을 적절하게 표현하지 못하고, 서툰 방식으로 드러내는 경우가 많습니다. 예를 들어, 좋아하는 감정을 솔직하게 표현하지 못해 장난으로 관심을 표현하거나, 반대로 감정을 숨기고 피하는 등의 행동을 보이기도 합니다. 이번 수업을 통해 학생들이 서로에 대한 배려와 존중의 중요성을 깊이 깨닫고, 나아가 다양한 사람들을 인정하고 이해하는 성숙한 성인으로 성장할 수 있기를 기대합니다.

추천 대상	초등학교 5~6학년
수업 주제	성교육 - 이성 교제
학습 목표	이성 친구 사이에 서로 존중하고 배려하는 예절을 알고, 생각을 존중할 수 있다
활동	1) 사랑의 화분이 싱그러워지는 이유 2) 너의 사랑을 표현해 봐! 3) 왓츠 러브 투 야

함께 읽은 책

『적당한 거리』

전소영 글·그림, 달그림, 2019

『적당한 거리』는 사람 사이에서의 존중과 배려를 식물 관리에 비유하여 보여주는 그림책입니다. 주인공의 화분이 늘 푸릇푸릇한 이유는 '적당함' 덕분입니다. 여기서 적당함이란, 화분을 옮길 시기에 맞춰 분갈이를 해 주고 각 식물에 맞는 환경을 조성하는 일을 의미합니다. 주인공은 물을 과하게 주지 않고, 필요할 때만 가지치기를 해 줍니다. 이러한 식물 돌봄 과정은 사람 간의 관계를 가꾸는 일과 유사합니다. 지나친 관심이나 간섭은 오히려 해로울 수 있으며, 상대의 필요에 맞춰 적절히 배려해야 관계가 건강하게 유지될 수 있습니다. 말로만 예절을 가르치는 대신, 식물을 돌보듯 상대를 이해하고 맞춰 주는 과정을 통해 자연스럽게 존중과 배려를 내면화하게 합니다. 이 책을 통해 학생들은 사람마다 생각과 필요가 다르다는 점을 깨달으며, 이성 친구의 생각을 존중하고 배려하는 방법을 배우게 됩니다.

활동 1. 사랑의 화분이 싱그러워지는 이유

그림책 속 화분이 싱그러울 수 있었던 이유를 바탕으로, 이성 친구 간 사랑이 담긴 배려와 예절을 알아보는 활동입니다.

① 먼저 학생들에게 화분을 돌보는 일과 사랑의 의미를 연결한 4가지 문장과 그림이 그려진 활동지를 나눠 줍니다. 그다음 각 문장에서 떠오르는 배려와 예절을 자유롭게 적어 보도록 안내합니다.

② 이 활동에는 정답이 없으므로, 학생들이 각자 생각한 내용을 자유롭게 표현할 수 있도록 격려합니다. 예를 들어, 첫 번째 "사랑이란, 적당한 햇빛과 적당한 물이 필요한 것처럼"이라는 문장을 보고 '적당한 관심', '배려'를 적습니다. 두 번째 "사랑이란, 필요할 때 가지를 잘라 주고, 더 넓고 새로운 흙을 주는 것처럼"에는 '필요한 도움 주기'를 적습니다. 세 번째 "사랑이란, 어떤 식물은 물을 좋아하고, 어떤 식물은 물이 적어도 잘 자라는 것처럼"에서는 '서로의 취향을 존중하기', '이해' 등을 적습니다. 마지막으로 "사랑이란, 작은 변화를 알아차려 주는 것처럼"이라는 문구에는 '관심', '기억' 등을 적습니다.

활동 2. 너의 사랑을 표현해 봐!

[활동 1]에서 나온 결과물을 바탕으로 '이미지 프리즘' 카드를 활용하여 사랑을 표현해 보는 활동입니다. 이 수업을 진행할 때는 한꺼번에 너무 많은 카드를 배부하기보다는 모둠당 20장 내외의 카드를 나눠 주고 각자가 선택한 이미지를 활용해 자기 생각을 표현하도록 합니다. 선택지가 많으면 오히려 선택이 어려울 수 있으므로, 번개 토론 방식처럼 자신의 마음에 즉각적으로 와닿는 이미지를 선택하도록 합니다.

① 학생들은 받은 카드를 책상 중앙에 펼쳐 놓고, 마음에 드는 카드를 한 장 선택하여 [활동 1]에서 작성한 배려와 예절을 연결해 사랑을 표현합니다. 예를 들어, 책 이미지를 고른 학생은 '책'과 '적당한 관심', '센스'를 연결하여 "사랑이란, 내가 힘들 때 센스 있는 주제의 책을 선물해 주는 것"과 같은 문구로 사랑을 표현할 수 있습니다. 이처럼 이미지 카드를 활용하면 학생들이 더 빠르고 창의적인 아이디어를 쉽게 떠올릴 수 있습니다.

② 교사는 학생들이 자유롭게 상상할 수 있도록 충분한 시간을 제공하고, 학생들끼리 어떤 카드가 더 '좋다'거나 '나쁘다'라는 평가를 하지 않도록 주의시켜야 합니다.

활동 3. 왓츠 러브 투 야

'왓츠 러브 투 야^{What's Love to Ya}'는 보드게임 '왓츠 잇 투 야^{What's It to Ya}'의 원리를 응용한 게임입니다. 이 활동을 통해 학생들은 다른 친구들이 생각하는 이성 친구 간의 배려를 흥미롭게 들으며, 서로의 우선 순위 차이를 이해하고 존중하는 기회를 가집니다. 내가 배려라고 생각했던 것이 다른 사람에게는 다르게 느껴질 수 있다는 것을 깨닫는다면, 학습 목표에 잘 도달했다고 볼 수 있습니다.

① 카드 하단의 네모 칸에 서로 다른 색연필로 숫자 1부터 4까지 적게 합니다. 이때 뒤집은 상태에서 숫자가 비치지 않도록 조심스럽게 적도록 지도합니다.
② 학생들은 각자 [활동 2]에서 만든 사랑 표현 카드(이하 '사랑 카드')를 4조각으로 자르고, 앞서 숫자를 적은 카드 하단의 네모 칸 4개도 잘라냅니다.
③ 모든 준비가 끝나면 각 모둠의 사랑 카드를 모아, 한 사람의 카드가 중복되지 않도록 섞고 게임을 시작합니다.
④ 첫 번째 플레이어는 사랑 카드 4장을 선택해 책상 중앙에 펼칩니다. 플레이어는 카드의 내용을 읽고 자신만의 우선 순위를 정한 후, 숫자가 보이지 않게 숫자 카드를 사랑 카드 위쪽에 놓습니다. 이때, 다른 친구들이 플레이어의 순위를 예측하지 못하도록 1~4 순서대로 놓지 않게 주의합니다.
⑤ 나머지 친구들은 자신만의 우선 순위를 정하고 숫자가 보이게 사랑 카드 아래에 놓습니다. 모든 학생이 순위를 표시하면, 첫 플레이어가 자신의 우선 순위를 공개하고, 그 이유를 설명합니다. 다른 학생들은 플레이어의 순위와 일치하지 않으면 숫자 카드를 다시 가져갑니다.
⑥ 플레이어의 순위 공개가 끝난 후, 가장 많은 숫자 카드를 남긴 학생이 펼쳐진 사랑 카드를 가져갑니다. 동점자가 있으면 사랑 카드를 나누어 가집니다. 플레이어를 바꿔 가며 과정을 반복할 수 있습니다.
⑦ 마지막에 가장 많은 사랑 카드를 모은 학생의 우승으로 마무리됩니다.

월경
계절이 들려주는 월경 이야기

　월경이란 성숙한 여성의 자궁에서 주기적으로 출혈하는 생리 현상으로, 자궁에 수정란이 착상되도록 두꺼워진 자궁 내막에 수정란이 착상되지 않았을 때 분해되어 몸 밖으로 배출되는 것을 말합니다. 월경 주기는 이번 월경에서 다음 월경 때까지 걸리는 일정한 기간으로 새 생명 탄생을 준비하는 생식 주기를 말합니다. 이 기간은 약 24~38일이고 여성의 10~15%가 정확히 28일의 주기를 갖는다고 합니다. 월경은 호르몬의 영향을 받기 때문에 월경 전 증후군이나 월경 중에 월경통, 요통, 유방 압통, 정서적 불안, 우울 등을 경험할 수 있습니다. 특히 초경 때는 월경통이 심하고 월경 주기가 불규칙하므로 처음 겪는 몸과 마음의 변화가 힘들고 당황스러울 수 있습니다. 따라서 월경 시 겪을 수 있는 어려움과 대처하는 방법을 구체적으로 알고 준비하는 것이 필요합니다. 보건실에 월경대를 가지러 오는 여학생들은 수줍게 "생리대 있나요?"라고 요청하며 받은 월경대를 보이지 않게 주머니 깊숙이 넣어 둡니다. 과거에는 월경을 부끄럽고, 숨겨야 하는 대상으로 여겨 월경이라는 말 대신 '생리'라고 표현했습니다. '생리'란 생물이 생명을 유지하면서 나타내는 여러 가지 현상을 말하는데, 생리 현상 중에 월경도 포함됩니다. 월경 중에는 아프거나 불편할 때가 많습니다. 하지만 월경의 진짜 의미를 이해하고 건강하게 대처하는 방법을 배운다면, 학생들은 자신을 소중히 여기며 건강한 몸과 마음을 위한 행동을 선택하고 실천할 수 있을 것입니다.

추천 대상	초등학교 5~6학년
수업 주제	성교육 - 월경
학습 목표	계절의 연속성과 순환성의 특징을 바탕으로 월경을 이해하고, 건강하게 대처하는 방법을 제시할 수 있다
활동	1) 계절 스토리텔링으로 월경 알아보기 2) 월경을 건강하게 보내는 방법 3) 사계절 월경 나무 모빌 만들기

 함께 읽은 책

『즐거운 열두 달 어여쁜 사계절』

낭송이 글·그림, 키즈엠, 2019

『즐거운 열두 달 어여쁜 사계절』은 제목처럼 열두 달 사계절의 변화를 또렷하게 느낄 수 있는 책으로, 달마다 사계절을 만끽하는 고양이들의 모습이 그려져 있습니다. 그림책을 읽으면서 일 년 열두 달 속 봄, 여름, 가을, 겨울이 분절되지 않고 연속적으로 변하는 모습을 볼 수 있는데, 이 과정은 월경과 닮은 점이 있습니다. 월경이 이루어지는 자궁과 주변 기관이 사계절처럼 난포기, 배란기, 황체기, 월경의 주기를 가지고 계속 변하고 순환하기 때문입니다. 그림책 속 사계절의 특징을 보면서 월경이 한 달에 한 번 갑자기 일어나는 것이 아니라 주기에 따라 변화를 거치며 이루어진다는 점을 이해하고, 건강하게 월경을 관리하는 방법을 배울 수 있습니다. 사춘기 학생들에게 월경 수업은 처음에 부끄럽고, 불편할 수 있는 주제이지만 이 그림책을 통해 마음을 열고 알아보는 시간을 가질 수 있을 것입니다.

활동 1. 계절 스토리텔링으로 월경 알아보기

사계절의 특징을 빗대어 월경과 월경 주기에 대해 학생들이 이해하기 쉽게 알아보는 활동입니다.

① 교사는 계절 이미지 4장, 월경 주기 이미지 4장, 활동지를 준비합니다. 계절 이미지 카드 4장을 칠판에 붙이고 이미지 카드를 보면서 각 계절의 모습과 변화에 대해 살펴봅니다. 학생들은 '싹이 나요, 더워요, 단풍이 들어요, 나뭇잎이 떨어져요, 추워요.' 등 계절에 대해 다양한 표현을 합니다.

② 그다음 교사는 "봄, 여름, 가을, 겨울이 지나면서 계절의 모습이 변하는 것처럼 우리의 몸에도 생명 탄생을 위해 계속 변하는 곳이 있는데 그곳이 신체의 어느 부분일까요?"라고 질문합니다. 전체 질문이기 때문에 '자궁'이라는 대답이 바로 나오지 않고 남녀 생식기에 관한 다양한 대답이 나올 수 있습니다.

③ 활동 관련 단어인 자궁과 난소, 난관을 설명하고 월경에 대해 배울 것임을 학생들에게 안내합니다. 이어서 계절 이미지 카드 옆에 월경 주기 카드를 붙이고 두 가지 이미지를 함께 보면서 월경을 설명합니다. 예를 들어, 봄 이미지 카드 옆에 난포기 이미지 카드를 붙이고 봄에 빗대어 난포기를 설명합니다.

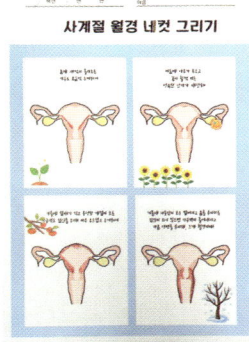

④ 설명 후에는 학생들이 활동지에 자궁 내벽, 난소, 난포의 변화 등 월경 주기의 특징을 그려 보도록 안내합니다. 월경과 월경 주기에 대한 설명은 아래 예시처럼 할 수 있습니다.

봄에 새싹이 나는 것처럼, 난포기에는 난소에서 잠들어 있던 난포가 자라기 시작하고 자궁벽이 조금씩 두꺼워집니다. 여름에 나무가 무성하고, 꽃이 활짝 피는 것처럼, 배란기에는 완전히 성숙한 난자가 난소 밖으로 나오는 시기입니다. 배란기 때 정자를 만나면 임신이 될 수 있습니다. 가을에 열매가 맺히고 풍성한 계절이 되는데, 황체기에는 자궁이 임신을 유지하기 위해 자궁벽이 벨벳처럼 부드럽고 두꺼워집니다. 겨울에 나뭇잎이 떨어지는 것처럼, 임신이 되지 않으면 자궁벽이 흘러내리는데 이것을 월경이라고 합니다. 사계절이 계속 순환하는 것처럼 자궁과 난소도 약 한 달 동안 네 단계를 거치고 계속 반복하는데 이를 월경 주기라고 합니다.

⑤ 설명을 마친 후에는 학생들이 작성한 활동지를 함께 보며 새로 알게 된 점과 느낀 점을 나눕니다.

활동 2. 월경을 건강하게 보내는 방법

이번 활동에서는 월경 전, 중에 느낄 수 있는 불편함을 대처하는 방법과 월경을 건강하게 관리하는 방법을 배우고, 놀이를 통해 적용해 보는 시간을 가집니다.

① 앞서 배운 월경 지식을 바탕으로 월경 시 예측되는 어려움에 대해 학생들과 자유롭게 이야기해 봅니다.
② PPT 자료를 보면서 월경 시 건강 관리 방법, 월경통 관리 방법, 월경대 종류, 월경대 착용 및 처리 방법 등을 배웁니다. 이때, 다양한 월경대의 종류를 실물로 보여 주거나, 영상을 통해서 학생들의 이해를 도울 수 있습니다.
③ 학습 후 놀이를 시작합니다. 준비물은 놀이판과 숫자 쪽지, 월경대, 실습 팬티 등입니다. 놀이판에는 월경 대처법 및 실습 문제 16개를 표로 작성하고, 포스트 잇으로 문제를 가려 놓습니다.

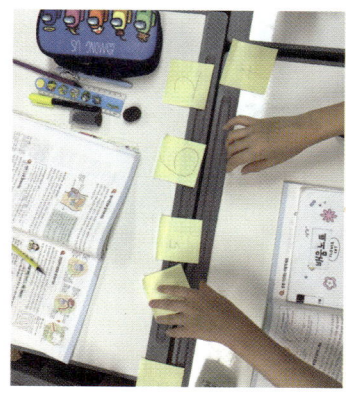 

④ 놀이판을 칠판에 붙이고, 모둠별로 6개 숫자 쪽지를 책상 가운데에 둡니다. 교사가 무작위로 번호를 부르고 해당 번호를 가장 빨리 집은 학생이 나와 놀이판의 포스트잇을 하나 떼어 냅니다.

⑤ 그다음 문제를 확인하고 대처법을 발표합니다. 실습이 필요한 항목은 해당 물품으로 실습합니다. 놀이를 통해 학생들은 배운 내용을 정리하고 월경 시 대처법을 구체적으로 적용해 볼 수 있습니다.

활동 3. 사계절 월경 나무 모빌 만들기

초경 때는 월경통이 특히 심할 수 있고, 월경 주기가 일정하지 않기 때문에 곤란한 상황을 겪을 수도 있습니다. 이번 활동에서는 월경으로 힘들어하는 친구를 어떻게 도와줄 수 있을지 생각해 보고, 돕는 방법을 적은 사계절 월경 나무 모빌을 만들어 봅니다.

① 교사는 사계절 나무 활동지에 월경통으로 힘들어 하는 친구, 친구의 바지에 월경혈이 묻어 있는 것을 발견한 상황, 월경으로 예민해져 있는 친구의 상황 등을 적어 둡니다.

② 학생들은 나라면 어떻게 그 친구들을 진심으로 배려하며 도와줄 수 있을지 작성해 보고 사계절 나무를 꾸며 봅니다. 꾸민 다음 활동지를 오려 붙이면 학생들의 배려와 존중이 담긴 멋진 사계절 나무 모빌이 완성됩니다.
③ 시간이 부족할 때는 4인 모둠으로 구성하고 각자 상황을 1개씩 작성하여 나무를 꾸민 후 모아서 한 개의 모빌을 완성하도록 합니다.
④ 모빌을 만든 후에는 작성 내용과 느낀 점을 발표하면서 서로의 생각을 공유해 봅니다.

성폭력 예방
소중한 나를 지켜요!

'성적 자기 결정권'은 자기 몸과 마음에 대해 스스로 선택하고 결정할 수 있는 권리입니다. 다시 말해 이 권리는 다른 사람이 동의 없이 성적으로 불편한 말이나 행동을 할 수 없음을 의미합니다. 모든 학교에서 성폭력 예방 교육 1시간을 포함한 체계적인 성교육을 시행해야 하며, 가장 중요한 것은 자신과 타인을 이해하고 존중하며 함께 살아가는 방법을 배우는 것입니다. 내 몸이 소중한 것처럼 다른 사람의 몸도 소중하기에, 상대방의 동의 없이 함부로 행동하거나 상대가 싫어하는 말을 해서는 안 된다는 점을 분명히 알아야 합니다. 따라서 학생들에게 상대방이 수치심이나 굴욕감을 느꼈다면 성폭력이 될 수 있음을 분명히 알려 줘야 합니다. 학교에서는 휴대 전화로 친구의 모습을 몰래 촬영하거나, 교실에서의 장난이 사적 공간인 화장실까지 이어지는 사례가 종종 발생합니다. 또한 특정 학생의 외모나 성적에 대해 비꼬거나, 친구 사이에서 장난이나 게임으로 위장된 불필요한 신체 접촉이 이루어지기도 합니다. 매년 성폭력 예방 교육이 이루어짐에도 불구하고 유사한 사례들이 반복되는 것은 일상에서 실천하는 상호 존중과 경계 설정

교육이 절실히 필요하다는 것을 보여 줍니다. 이러한 교육을 통해 자신의 행동이 다른 사람에게 미치는 영향을 이해하고, 상호 존중과 동의의 중요성을 인식하도록 가르치는 것이 중요합니다.

추천 대상	초등학교 1~6학년
수업 주제	성교육 - 성폭력 예방
학습 목표	성을 소중하게 다루는 방법을 알고, 성폭력 예방 방법을 실천할 수 있다
활동	1) 좋은 비밀? 나쁜 비밀? 2) 주인공에게 필요한 미덕은 무엇일까? 3) ○○○, 도와주세요!

함께 읽은 책

『선생님, 도와주세요!』

섀논 리그스 글, 제이미 졸라스 그림, 노경실 옮김, 고래이야기, 2008

2007년 오레곤 아동문학상 수상작인 『선생님, 도와주세요!』는 학교라는 일상적인 공간에서 선생님과 학생들이 겪는 다양한 에피소드를 통해, 안전하고 즐거운 학급을 만들기 위한 방법을 명확하고 단호하게 안내합니다. 작가는 아름다운 그림과 섬세한 표정 묘사를 통해 독자가 주인공의 감정에 깊이 공감할 수 있도록 표현했습니다. 이 그림책을 다 읽고 나면, 성폭력 피해를 당했을 때 어떻게 대처해야 할지 구체적인 방법을 배울 수 있으며, 부모님과 학생들이 꼭 알아야 할 성폭력 예방법도 알려 줍니다. 특히, 마지막 쪽에 제시된 '아동 안전 의식 체크리스트'를 통해 자신의 안전 의식을 점검하고, 성폭력이 발생할 수 있는 다양한 상황에서 어떻게 행동해야 하는지 구체적인 방법을 배울 수 있습니다.

활동 1. 좋은 비밀? 나쁜 비밀?

첫 번째 활동은 그림책을 다 읽은 후, '성폭력'의 사전적 의미와 그 종류에 대해 배우는 것으로 시작합니다.

① 주인공 레지나가 엄마에게 비밀을 말하지 못하고 침대에서 혼자 눈물을 흘리는 장면을 통해 학생들과 '좋은 비밀'과 '나쁜 비밀'에 대해 이야기해 봅니다. "여러분, 좋은 비밀과 나쁜 비밀은 어떻게 다를까요?"라고 질문한 후, 두 비밀의 차이를 구분하는 활동을 진행합니다.
② 학생들이 질문에 바로 대답하는 방식으로 수업을 진행할 수 있지만, 이 경우 대답을 잘하는 학생들만 참여하거나, 답변할 시간이 필요한 학생들이 소외될 수 있습니다. 이를 보완하기 위해, 붙임 쪽지나 씽킹보드를 활용해 각자의 생각을 적어 칠판에 붙이면 다양한 의견을 시각적으로 도식화하여 한눈에 볼 수 있습니다.
③ 그다음 "나쁜 비밀은 꼭 지켜야 할까요?"라는 질문을 던지고, 나쁜 비밀을 지켰을 때의 장단점에 대해 생각을 나눕니다. 이를 통해, 누군가에게 위협이나 협박을 받는 비밀, 그 비밀을 생각할 때 불편하거나 무서운 느낌이 드는 비밀, 그리고 다른 사람에게 피해를 줄 수 있는 비밀이 '나쁜 비밀'임을 학생들에게 알려

줍니다. 이러한 비밀이 본인이나 다른 사람을 위험에 빠뜨릴 수 있다면 부모님이나 선생님 등 믿을 수 있는 어른들에게 반드시 알리도록 지도합니다.
④ 마지막으로 성폭력은 누구에게나 예고 없이 일어날 수 있으며, 이는 절대 학생들의 잘못이 아니라는 점을 분명히 알려 주고 죄책감을 느끼지 않도록 하는 것이 중요합니다.

- **좋은 비밀? vs 나쁜 비밀?**
좋은 비밀과 나쁜 비밀을 구분해 봅시다.

좋은 비밀	나쁜 비밀
친구의 생일 파티를 몰래 준비할 때의 비밀	친구를 뒷담화 한 사실을 숨기는 비밀
부모님께 서프라이즈를 할 때의 비밀	선생님께 혼난 일을 부모님께 알리고 싶지 않은 비밀

활동 2. 주인공에게 필요한 미덕은 무엇일까?

두 번째 활동에서는 주인공의 마음에 공감하며 성 예절을 지키고 상대방의 입장에서 생각해 보는 시간을 가집니다. 상대방을 배려하고 존중하는 학급 분위기를 형성함으로써 성폭력으로부터 학생들을 보호할 수 있습니다. 이번 활동을 통해 학생들은 성폭력이 발생했을 때 숨거나 피하지 않는 대신, 용기를 내어 자신의 성을 소중히 여기는 마음을 기르게 될 것입니다.

① 그림책 본문 중 선생님이 "성폭력 가해자가 친구일 수도 있고, 부모님, 돌봐 주는 사람, 가족 또는 친척인 경우도 있다.", "이런 일은 생각보다 훨씬 많이 일어난다."라는 말을 할 때 레지나는 자신이 작아지는 것 같다고 느낍니다. 학생들에게 "이 말을 들은 주인공의 마음은 어땠을까요?"와 "레지나에게 지금 필요한 미덕은 무엇일까요?"라는 질문을 던지며, 이 장면에 대해 깊이 생각해 보도록

유도합니다.

② 미덕 카드를 학생들에게 나눠 줍니다. 카드에 적힌 52가지 미덕 중 자신이 생각하는 중요한 미덕을 3가지 선택하고, 그 이유에 대해 발표하도록 합니다.

- 주인공에게 필요한 미덕은 무엇일까요?

미덕 카드를 활용하여 개인별 '3대 미덕'을 정하고 선택한 이유를 발표해 봅시다.

개인별 3대 미덕	선택한 이유
신뢰	아무에게도 못 말하더라도 부모님께는 말해야 하고 믿어야 할 것 같기 때문
용기	레지나가 용기가 있었으면 좋았을 것 같기 때문
평온함	레지나가 힘들어해 보여 평온함이 필요할 것 같기 때문

🔴 수업 Tip

한국버츄프로젝트에서 만든 미덕 책받침은 앞면에 '미덕의 보석들'이, 뒷면에는 52가지 미덕에 대한 간략한 설명이 있습니다. 이를 통해 단어의 뜻을 따로 설명하지 않아도 학생들이 쉽게 보고 선택할 수 있습니다.

활동 3. ○○○, 도와주세요!

이 활동에서는 학생들에게 성폭력 위험 상황을 다양한 사례로 제시하고, 스스로 어떻게 예방할 수 있을지 알아보는 시간을 가집니다. 그림책의 후반부에도 나와 있듯이, 성폭력 위험 상황을 가능한 한 다양하게 알려 주는 것이 중요합니다. 만약 성폭력이 발생했다면 어떻게 대처해야 할지, 내가 레지나에게 어떤 도움을 줄 수 있을지 생각해 보게 합니다. 이번 활동을 통해 학생들은 선생님이나 가족 등 신뢰할 수 있는 사람에게 알리기, 성폭력 피해를 입었을 때 도움받을 수 있는 기관 찾기, 병원에서 진료 받기 전까지 증거를 모으기 등 올바른 대처 방법을 알고 실천할 수 있게 됩니다.

① 학생들에게 '만약 내가 선생님이라면?', '만약 내가 레지나의 친구라면?', '만약 내가 레지나의 부모님이라면?', '내가 ○○이라면?' 등의 질문을 던져 고민을 유도합니다.
② 나눠 준 학습지에 레지나를 도울 방법을 구체적으로 정리하도록 합니다.
③ 각자의 고민이 레지나에게만 해당하는 것이 아니라, 각자의 대처법으로도 사용될 수 있음을 알려 줍니다.

- ○○○, 도와주세요!

만약 내가 '○○○'이라면 어떻게 도움을 줄 수 있을지 생각해 봅시다.

만약 내가 선생님이라면?	만약 내가 주인공의 친구라면?
레즈나에게 용기를 주고 위로를 해 줄 것이다.	레지나에게 공감되는 말을 해 주고 믿음을 줄 것이다.
만약 내가 부모님이라면?	만약 내가 (상담사)이라면?
레지나 몸을 만진 어른들에게 하지 말라고 할 것이고 레지나가 불편한 걸 안 할 것이다.	레지나에게 공감과 위로를 해 주고 해결방안을 제시해 줄 거 같다.

💊 **수업 Tip**

이 활동은 '모서리 토론'과 같은 방식으로, 각 입장에서 어떤 도움을 줄 수 있을지 모둠별로 생각해 보는 활동으로 진행할 수도 있습니다.

디지털 성폭력 예방
달콤한 친절을 조심해요

    디지털 시대에 학생들은 온라인 공간에서 점점 더 많은 시간을 보내고 있습니다. AI나 메타버스로 학습하고, 친구들과 소통하거나, 정보를 찾고, 게임을 즐기며 그 속에서 세상과 연결됩니다. 편리하고 유익한 디지털 세상이지만, 그 이면에는 우리가 주의 깊게 살펴봐야 할 위험들이 존재합니다. 특히, 학생들이 자주 사용하는 SNS나 모바일 메신저 등을 통한 디지털 성범죄가 매년 증가하고 있습니다. 디지털 성범죄란 디지털 기기를 이용해 타인의 동의 없이 신체를 성적 대상화하여 불법 촬영, 저장, 협박 등 온라인 환경에서의 모든 성적 괴롭힘을 의미합니다. 디지털 성범죄는 또래 간에도 발생할 수 있습니다. 교실에서 친구가 잠자는 사진을 찍어 채팅방에 공유하여 신체적으로 놀리거나, 친구 사진을 마음대로 합성하여 유포, 게시하는 것은 아무리 친한 사이라도 장난이 될 수 없고 디지털 성범죄입니다. 그러므로 학생들은 디지털 성범죄가 무엇인지 정확하게 알고 디지털 세상에서 타인을 존중하는 인터넷 예절을 지켜야 합니다. 또한, 학생들이 피해자가 될 수도 있습니다. 여성가족부 2023년 아동·청소년 대상 성범죄 발생 추세 및 동향

분석 자료를 보면 아동·청소년 디지털 성범죄 가해자 중 33.7%가 청소년이 자주 사용하는 인터넷 채팅을 통해 알게 된 사람이고, 주로 채팅앱(37.6%), SNS(25.8%), 메신저(12.6%)를 통한 온라인 그루밍으로 시작해 유인·협박 등으로 피해자가 자기를 촬영하여 영상물을 제작하게 하거나, '딥페이크 영상물'을 제작해서 협박하는 피해가 계속 증가하고 있다고 합니다. 디지털 공간에서 학생들이 자신의 안전을 지키고 이 공간을 자기 삶에 유익하게 활용하기 위해서는 올바른 성 인지 감수성과 성폭력 위험을 알아차리는 민감성을 길러야 하며, 이를 적극적으로 대처하는 자세가 필요합니다.

추천 대상	초등학교 5~6학년
수업 주제	성교육 - 디지털 성폭력 예방
학습 목표	디지털 성폭력의 위험 요소를 알고, 예방 및 대처 방법을 글로 표현할 수 있다
활동	1) 그림책 표지 보고 브레인스토밍하기 2) 온라인 속 달콤한 친절 슬라이드 만들기 3) 디지털 성폭력 예방 방패 만들기

 함께 읽은 책

『곱슬도치 아저씨의 달콤한 친절』

오이어 글·그림, 한울림어린이, 2022

『곱슬도치 아저씨의 달콤한 친절』은 그루밍에 관한 그림책입니다. 새로운 동네로 이사 온 고슴이는 외로움과 낯선 환경 속에서 하루하루를 보내던 중 공원에서 곱슬도치 아저씨를 만나게 됩니다. 그루밍의 첫 단계는 가해자가 대상자를 탐색하고 대상자가 무엇을 어려워하고 힘들어 하는지 파악해서 다가간다는 것입니다. 곱슬도치 아저씨는 고슴이의 외로

운 마음 틈새로 다가와 달콤한 친절로 유인하고 아저씨가 원하는 대로 고슴이를 조종하게 됩니다. 그림책을 따라가다 보면 학생들은 복잡한 그루밍의 의미를 쉽게 이해할 수 있습니다. 세상에는 선한 친절도 있지만 나쁜 의도를 가지고 거짓을 말하는 친절도 있다는 것을 배웁니다. 온라인 세상도 다르지 않습니다. SNS, 온라인 채팅 등 아동·청소년들에게 이미 일상화되어 있는 온라인 공간에서도 달콤한 친절은 존재하며 아동·청소년을 유인하여 성폭력을 가하고 그 피해를 폭로하지 못하도록 협박합니다. 학생들은 고슴이의 이야기를 온라인 그루밍과 연결하여 디지털 성폭력의 위험성을 인식하고 자신을 지키는 방법을 배울 수 있습니다.

활동 1. 그림책 표지 보고 브레인스토밍하기

그림책 표지의 곱슬도치 아저씨는 선하고 온화한 모습으로 어떤 이야기든 다 받아 줄 것 같은 인상을 줍니다. 평소라면 낯선 아저씨의 접근에 의아해 하며 자리를 옮겼겠지만, 외로운 고슴이는 자신의 답답함을 털어놓고 위로받고 싶은 마음에 아저씨의 접근이 달콤하게 느껴졌을지도 모릅니다. 이를 염두에 두고 학생들에게 학습 주제와 책에 대한 정보를 미리 알려 주지 않은 채, 책 표지를 소개하며 곱슬도치 아저씨에 대한 첫인상과 달콤한 친절에 대해 생각해 보는 활동을 합니다.

① 칠판에 큰 원을 그리고 '곱슬도치 아저씨'라고 적은 후, 학생들이 표지 속 아저씨의 첫인상이나 성격 등 떠오르는 생각을 포스트잇에 자유롭게 적어 붙이도록 합니다.
② 이어서 두 번째 원을 그리고 '달콤한 친절'이라는 주제로 이 말이 어떤 의미인지, 어떤 행동이었을지 포스트잇에 적고 칠판에 붙이도록 합니다.
③ 곱슬도치 아저씨와 달콤한 친절에 대해 생각해 본 후 책 읽기를 시작합니다. 학생들은 선한 곱슬도치 아저씨의 첫인상과 다른 이야기 결말에 놀라기도 합니다.
④ 책을 다 읽은 후에는 곱슬도치 아저씨에 대한 첫인상과 이야기의 결말을 비교하면서, 달콤한 친절 뒤에 숨겨진 의도를 다시 한번 생각해 보는 시간을 가집니다.
⑤ 이어서 이 책의 주제인 그루밍에 대해 간단히 설명하고, 온라인 그루밍과 디지털 성폭력을 연계하여 학생들에게 학습 목표를 안내하며 수업을 이어 나갑니다.

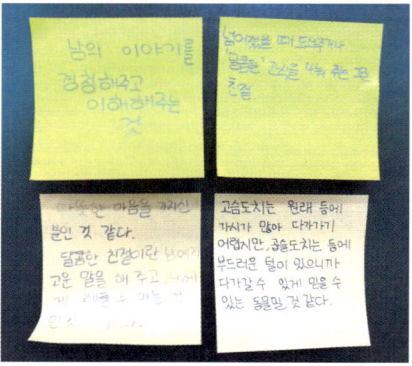

활동 2. 온라인 속 달콤한 친절 슬라이드 만들기

그림책 속 그루밍 장면을 보고, 그 장면을 온라인 그루밍으로 바꾸어 보는 활동을 합니다. 이 활동을 통해 온라인 그루밍을 알고 디지털 성폭력을 예방하는 데 도움을 줄 수 있습니다.

① 활동 전 디지털 성폭력과 온라인 그루밍의 의미, 단계를 설명하고 활동을 시작합니다.
② 그림책 속 주요 그루밍 장면 4장을 학생들에게 보여 줍니다. 예를 들어 고슴이와 곱슬도치 아저씨가 처음 만나는 장면이나, 아저씨가 고슴이에게 친절하게 접근하는 장면, 친밀한 관계를 쌓고 일을 시키거나 비난하고 고립시키는 장면 등을 선택할 수 있습니다.
③ 학생들은 각 장면을 온라인 상황으로 바꾸어 상상해 보고 어떤 메시지를 보내거나, 어떤 대화를 나눌지 활동지에 작성해 봅니다.
④ 작성 후 활동지를 오려서 온라인 속 달콤한 친절 슬라이드를 완성합니다. 완성한 슬라이드는 칠판에 게시하여 발표하고 어떤 부분에서 경계심을 가져야 하는지 함께 이야기를 나눕니다.
⑤ 교사는 곱슬도치 아저씨가 선한 얼굴로 고슴이에게 접근한 것처럼 온라인에서는 친구인 척 가짜 프로필로 접근해 개인 정보를 요구하는 등 위험한 상황이 발생할 수 있다고 말합니다.

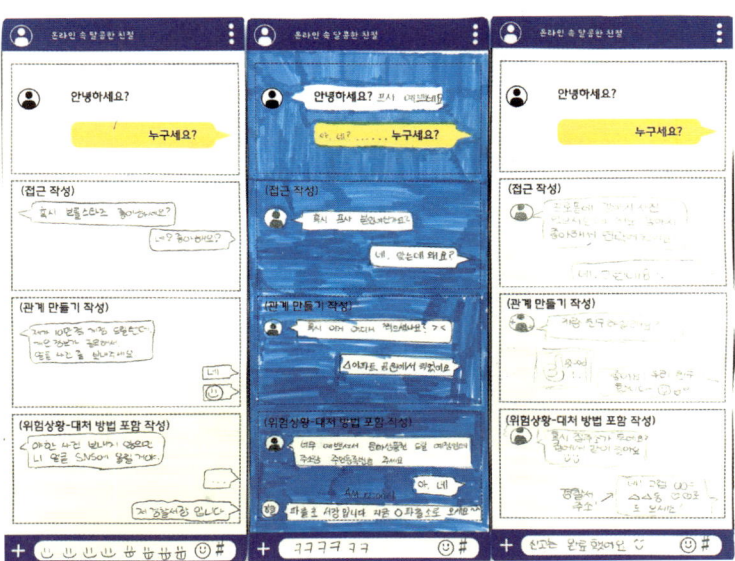

활동 3. 디지털 성폭력 예방 방패 만들기

디지털 성폭력을 예방하기 위해 우리가 할 수 있는 일들을 생각해 보고, 예방 및 대처법을 담은 디지털 성폭력 예방 방패를 만들어 봅니다.

① 앞서 이야기했던 온라인에서 마주할 수 있는 위험한 상황과 대화, 디지털 성폭력 사례들을 다시 한번 보여 주고, 디지털 성폭력을 예방하고 대처하기 위해 실천할 수 있는 일을 적어 봅니다. 예를 들어, 개인 정보를 알려 주지 않는다, 온라인 그루밍이라고 느껴질 때는 어른들에게 바로 알린다, 대화 중에 불편한 느낌이 들 때는 단호하게 그만둔다 등의 예방법을 적을 수 있습니다.
② 작성된 예방 방패를 오려서 완성한 후, 앞에 나와 발표합니다.
③ 발표 후에는 [활동 2]에서 만든 '온라인 속 달콤한 친절 슬라이드' 위에 방패를 붙여 완성합니다.
④ 완성된 작품은 교실 내에 게시하여 모두가 볼 수 있게 하고 학생들이 항상 경각심을 가지도록 합니다.

5장

양성평등 교육

양성평등은 남성과 여성이 동등한 권리와 기회를 누리며, 서로를 배려하고 존중하는 사회를 만드는 것을 의미합니다. '양성평등 교육'에서는 성별에 따른 고정 관념을 인식하고, 서로를 이해하며 평등한 사회를 만드는 데 필요한 5가지 중요한 주제를 다룹니다. 이 5가지 주제를 통해 학생들이 양성평등을 더 구체적으로 이해하고, 이를 일상에서 실천하는 방법을 깨닫게 되길 바랍니다.

시대 속 양성평등의 변화
미래 사회는 어떤 모습이 되어야 할까요?

'유리 천장'이라는 말을 들어 본 적 있나요? 이 용어는 여성이 충분한 능력을 갖추고도 오랜 관습과 부정적인 인식 때문에 조직 내에서 일정 서열 이상 오르지 못하는 상황을 의미합니다. 이러한 '보이지 않는 장벽'은 여전히 많은 여성의 경력을 제한하고 있습니다. 조선 시대의 여성들은 사회적 제약과 차별 속에서 살아야 했습니다. 그러나 시대에 따라 많은 변화가 생겨났습니다. 2008년 호주제 폐지, 여성의 참정권 확대, 교육 기회의 평등, 1987년 남녀고용평등법 제정, 그리고 최근의 미투 운동까지, 이러한 변화들은 성 인지 감수성을 높였고, 우리 사회는 성평등을 향해 나아가고 있습니다. 그럼에도 여전히 해결해야 할 문제가 남아 있습니다. 성 역할 고정 관념과 성차별은 여전히 우리 사회 곳곳에 뿌리 깊게 자리 잡고 있습니다. 예를 들어, 학생들에게 "여러분, 부모님께서 집안일을 도우라고 하실 때 어떤 역할을 맡기시나요?"라는 질문을 통해 가정 내에서의 성 역할 고정 관념을 확인할 수 있습니다. 여전히 많은 가정에서 여학생에게는 설거지, 방 청소, 빨래 같은 가사를, 남학생에게는 자동차 청소, 구두 닦기, 화장실 청소 같은 육체적으로 힘이 드는 일이 주어지는 경우가 많습니다. 또한, 학업에 대한 기대 역시 성별에 따라 다르게 나타납니다. 여학생에게는 성실하고 모범적인 태도를, 남학생에게는 도전적이고 독립적인 태도를 기대하는 경우가 많습니다. 미래 사회는 사회 구성원 모두가 서로를 존중하고 배려하며, 협력을 통해 공동체 의식을 형성하는 사회가 되어야 합니다. 학교에서 체계적인 양성평등 교육이 이루어진다면 학생들은 다양성을 이해하고 더불어 사는 사람이 되어, 지금보다 더 건강하고 행복한 사회를 만들어 갈 수 있을 것입니다.

추천 대상	초등학교 5~6학년
수업 주제	양성평등 교육 - 시대 속 양성평등의 변화
학습 목표	• 시대에 따른 가족 형태와 생활 모습의 변화를 이해한다 • 양성평등의 관점에서 발생할 수 있는 문제를 파악하고, 이를 해결하기 위한 실천 방안을 탐구한다
활동	1) 시대에 따라 무엇이, 어떻게 변했나요? 2) 가치 수직선 토론하기 3) 우리가 원하는 양성평등 사회 표어 짓기

함께 읽은 책

『산딸기 크림봉봉』

에밀리 젠킨스 글, 소피 블랙올 그림, 길상효 옮김, 씨드북, 2016

『산딸기 크림봉봉』은 2015년 뉴욕타임스가 선정한 올해의 그림책으로, 서양의 전통적 디저트인 크림봉봉을 매개로

4세기에 걸친 여성의 역할 변화, 노예 제도, 가족의 구조 변화 등을 아름다운 그림으로 그려낸 작품입니다. 이 그림책은 단순히 디저트를 만드는 과정이 아니라, 그 속에 담긴 시대적 변화를 통해 가족 구성원들의 역할과 사회적 변화를 보여 줍니다. 작가 노트를 통해 옷감이나 주택의 변화 등 시대적 정교함이 작가의 철저한 조사와 준비 과정을 통해 탄생했음을 알 수 있으며, 면지 또한 상징적인 의미를 담고 있습니다. 특히, 그림책 속에서 가족들이 식탁에 모여 즐겁게 지내는 장면들은 시대상에 따라 성 역할과 가족의 모습이 어떻게 변해왔는지를 자연스럽게 관찰할 수 있습니다. 마지막 장면에서는 아빠와 아들이 함께 슈퍼마켓에서 요리 재료를 구매하고, 인터넷을 통해 요리법을 찾아 크림봉봉을 만드는 과정이 그려집니다. 이는 과거 전통적 성 역할에서 벗어나 남성도 요리와 가사에 참여하는 현대의 모습을 반영하며, 끝에는 다양한 사람들과 함께 음식을 나누며 평등하고 행복한 저녁 시간을 보내는 장면으로 마무리됩니다. 이 그림책을 통해 시대에 따른 성 역할의 변화, 다양성 존중과 평등, 그리고 존중의 가치를 배울 수 있습니다. 또한 양성평등과 가족 내 역할 변화에 관해 이야기해 보고, 변화하는 사회 속에서 성평등이 어떻게 실현될 수 있는지 생각해 볼 수 있습니다.

활동 1. 시대에 따라 무엇이, 어떻게 변했나요?

그림책을 읽고, 시대적 변화가 성 역할과 사회적 모습에 어떻게 영향을 미치는지 탐구하는 활동입니다. 이를 통해 학생들은 과거의 불평등한 요소를 인식하고, 현대 사회에서 성평등을 실현하기 위한 방안에 대해 생각해 보는 기회를 가질 수 있습니다.

① 학생들은 그림책에서 다룬 100년 단위의 가정생활 모습과 성 역할 변화를 PPT로 제시된 사진과 함께 비교하면서 과거와 현재의 시대적 변화를 살펴봅니다.

② 삼국 시대부터 조선 시대에 이르기까지 역사 속 이야기와 생활 모습을 바탕으로 남녀의 역할과 사회적 변화에 관해 이야기를 나눠 봅니다. 예를 들어 농사 도구의 사용 및 손질, 음식 준비 과정, 직업의 변화, 제사나 차례 지내기, 옷 제작과 같은 생활 요소들을 다루며, 성 역할이 어떻게 변화했는지 살펴봅니다.

③ 그다음 육아와 결혼 풍습, 옷차림 등을 주제로 전통과 현대의 차이를 비교합니다. 이 과정에서 학생들은 과거와 현재의 남녀 역할, 사회 구조, 경제적 변화를 다양한 관점에서 비교하고, 시대적 변화에 따라 나타난 불평등 요소를 발견할 수 있으며, 더 나아가 양성평등 관점에서 무엇이 변화해야 하는지에 대해 생각해 볼 수 있습니다.

💬 수업 Tip

이 활동을 사회과 교육 과정의 '사회·문화' 및 '법과 인권의 보장' 단원과 도덕과 교육 과정의 '타인과의 관계' 단원과 연계하여 재구성하면, 학생들이 양성평등 관점에서 더욱 다양한 답변을 생각해 볼 수 있습니다.

활동 2. 가치 수직선 토론하기

가치 수직선 토론은 주제에 대한 자신의 의견을 수직선 위에 표시하여, 전체 의견과 개인 의견을 시각적으로 비교할 수 있는 활동입니다. 이를 통해 학생들은 다양한 양성평등 문제와 그 해결책을 함께 고민하고 공유하는 시간을 갖게 됩니다.

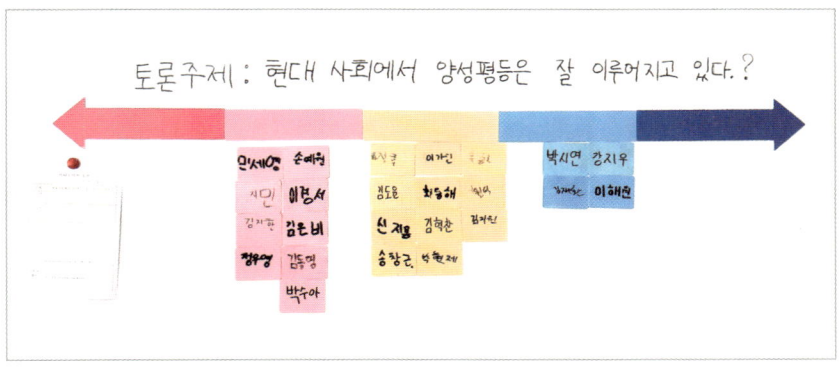

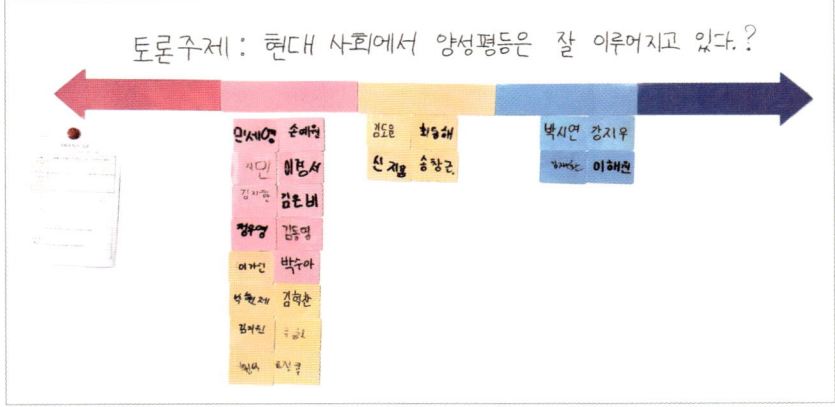

① 교구를 사용하거나 칠판에 수직선을 그린 후, 가운데 기준점(숫자 0 또는 중립)을 표시합니다.

② 기준의 오른쪽에는 찬성(양수) 의견, 왼쪽에는 반대(음수) 의견을 적습니다. 학생들은 자신의 생각을 해당 위치에 표시하면 됩니다.

③ 교사는 학생들에게 '현대 사회에서 양성평등은 잘 이루어지고 있는가?'라는 질문을 제시합니다. 이 질문을 통해 학생들은 현대 사회의 다양한 분야에서 양성평등의 문제를 고민해 볼 수 있습니다. 예를 들어, '우리 가정에서는 가사 및 육아 분담이 공정하게 이루어지고 있는가?' 또는 '우리 학급에서 역할 분담은 공정하게 이루어지고 있는가?' 같은 추가 질문을 던져 학생들이 과거와 현재의

양성평등을 비교해 보고, 개선된 부분과 여전히 남아 있는 문제를 생각해 보도록 유도합니다.

④ 학생들은 질문에 따라 수직선의 왼쪽부터 '매우 그렇지 않다, 그렇지 않다, 중립, 그렇다, 매우 그렇다.' 순으로 의견을 표시합니다. 자신의 생각을 정리한 후, 보드나 붙임 쪽지에 이름을 적어 칠판의 가치 수직선에 붙입니다.

⑤ 반대 의견(그렇지 않다)을 가진 학생들의 주장과 근거를 먼저 들어 보고, 찬성 의견(그렇다)을 가진 학생들의 주장과 근거를 들어 봅니다. 양측의 의견을 들은 후에는 서로 질문과 답변을 주고받으며, 중립 의견을 낸 학생들의 생각도 공유합니다.

⑥ 토론 과정에서 생각이 바뀐 학생은 자신의 이름표 위치를 수정할 수 있으며, 생각이 바뀐 이유를 발표할 기회를 줍니다.

⑦ 토론을 마친 후에는 현대 사회에서의 양성평등 문제와 그 해결 방안에 대해 함께 고민하고, 소감이나 느낀 점을 발표합니다.

활동 3. 우리가 원하는 양성평등 사회 표어 짓기

'미래는 어떤 모습이 되어야 할까요?'라는 질문을 시작으로, 학생들과 함께 양성평등 사회를 목표로 한 표어 짓기 활동을 진행합니다.

① 표어의 정의와 목적을 설명합니다. 표어는 사람들이 쉽게 기억하고 실천할 수 있도록 짧고 간결하게 만든 문구입니다. 학생들에게 양성평등을 주제로 한 사회적 캠페인이나 공익 광고 표어의 예시를 몇 가지 제시합니다. 예를 들어, '함께 가는 길, 평등으로 빛나는 미래' 또는 '다름을 존중하고 평등을 실천하는 미래' 같은 짧고 기억하기 쉬운 문구를 만들어 보도록 안내합니다.

② A3 크기의 도화지를 가로로 이등분해서 각 학생에게 나눠 줍니다. 학생들이

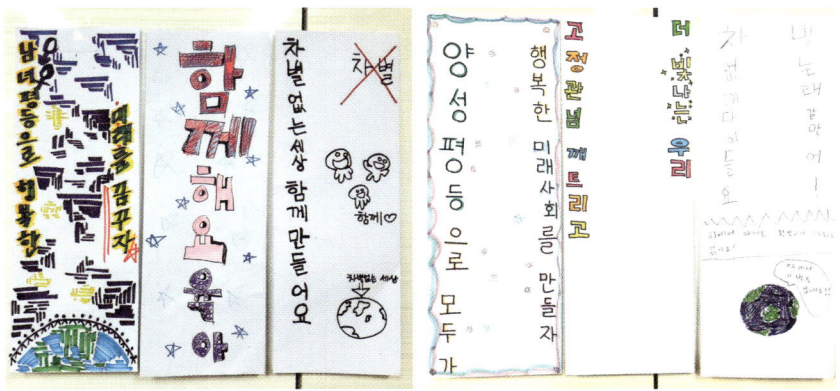

'우리가 앞으로 살아갈 미래 사회가 어떤 모습이 되었으면 좋겠는지' 상상해 보게 하고, 더 건강하고 행복한 양성평등 사회를 만들기 위해 개인적으로 실천할 방법과 사회적 변화의 필요성을 고민하게 합니다.

③ 핵심 메시지가 정해지면, 도화지 세로 방향으로 표어 문구를 적습니다. 표어를 디자인할 때는 글자 크기, 색상, 글꼴, 배치 등 시각적 요소를 고려하도록 합니다. 또한 글자와 이미지를 결합하거나, 캘리그래피, 그림자 효과, 콜라주 등 다양한 미술 기법을 활용해 단순한 문구를 더욱더 창의적이고 강렬하게 표현할 수 있도록 유도합니다.

● 수업 Tip

학생들이 제작한 우수한 공익 광고는 학교 게시판과 SNS 등 다양한 플랫폼을 통해 공유하거나, 학교 양성평등 주간을 운영할 때 종이 어깨띠를 만들어 착용 후 캠페인을 진행할 수 있습니다. 이를 통해 양성평등 문제점이나 해결 방안에 대한 인식을 확산할 수 있도록 합니다.

색 고정 관념
나만의 색을 찾아요

　하늘은 늘 같은 하늘색이 아닙니다. 때로는 짙은 주황빛으로 물들기도 하고, 어두운 회색이나, 칠흑 같은 밤이 되기도 합니다. 하늘이 하늘색 하나로만 정해져 있지 않은 것처럼, 우리도 단순히 성별에 따라 여자의 색, 남자의 색을 정해 놓을 수 없습니다. 남자다움, 여자다움을 강조하는 성 역할 고정 관념과 편견이 있다면 기준에 맞지 않는 나다움은 다름이 아니라 틀린 것이 되고 갈등이 시작됩니다. 최근에는 양성평등에 대한 사람들의 인식이 높아져, 학생들을 대할 때 남자다운지, 여자다운지를 먼저 생각하는 경우가 줄어들었습니다. 하지만 불쑥불쑥 튀어나오는 고정 관념은 여전히 우리의 생각 깊숙한 곳에 남아 말이나 행동으로 표현되기도 합니다. 한 번은 학생들에게 분홍색과 파란색 공 중 하나를 뽑게 하여 색과 관련된 성 역할 고정 관념을 확인하고 양성평등 메시지를 전달하는 활동을 한 적이 있습니다. 한 여학생이 파란색을 선택하자 어떤 학생이 "왜 여자가 파란색을 뽑지?"라고 했고, 다른 학생들은 눈치를 보며 분홍색 공을 선택했습니다. 뽑기 공 속에는 "남자는 파란색, 여자는 분홍색이라고 생각하지는 않았나요? 모두가 평등한 사회는 작은 고정 관념이 변하면서 시작됩니다."라는 메시지가 적혀 있었습니다. 편견과 고정 관념을 담은 색으로 성별을 나누는 것이 아니라 있는 그대로 존중받을 수 있는 성평등 사회가 되고, 나아가 그 안에서 자라는 학생들이 자신들의 꿈과 능력을 마음껏 펼칠 수 있기를 바랍니다.

추천 대상	초등학교 1~6학년
수업 주제	양성평등 교육 - 색 고정 관념
학습 목표	색깔 속 성 역할 고정 관념을 확인하고, 다양한 색으로 '나'를 표현할 수 있다
활동	1) 어떤 색 옷을 선물할까요? 2) 나의 색깔 마인드맵 그리기 3) 안녕? 나의 색깔 가랜드 만들기

 함께 읽은 책

『안녕? 나의 핑크 블루』

소이언 글, 윤정미 사진, 우리학교, 2021

여자 아기가 태어나면 분홍색 옷, 남자 아기가 태어나면 파란색 옷을 사서 선물로 주곤 합니다. 『안녕? 나의 핑크 블루』에서는 그것이 아기를 돌보는 어른들의 입장에서 정해 준 색이지 아기가 스스로 선택한 색이 아니라고 말합니다. 이 책은 4년, 5년, 10년 뒤에도 같은 인물들에게 찾아가 주인공들의 색과 물건이 어떻게 변해 가는지 사진으로 기록합니다. 처음에는 핑크와 블루로 둘러싸여 자라지만 시간이 지날수록 주인공들의 방은 다양한 색으로 채워지고, 물건이 바뀌는 모습을 볼 수 있습니다. 인물들이 자라면서 자신이 좋아하는 것들을 곰곰이 고민하고 발견하며, 어른들이 정해 준 색에서 벗어나 스스로 자신만의 색과 나다움을 발견하는 과정은 깊은 울림을 줍니다. "누구도 우리에게 색을 정해줄 수 없지요, 세상에는 여자 아이의 색도, 남자 아이의 색도 없다는 것을요, 세상에는 핑크와 블루 말고 다른 색도 많다는 것을요."라는 책 속 메시지처럼 학생들은 여자 색, 남자 색이 아니라 자신만의 색과 나다움을 찾아갈 것입니다.

활동 1. 어떤 색 옷을 선물할까요?

그림책을 읽기 전에 학생들이 성별에 대한 색 고정 관념이 있는지 확인하는 활동입니다.

① 활동지에는 새로 태어난 남자 아기와 여자 아기에게 줄 옷 선물을 하기 위해 옷가게에 있는 상황이 적혀 있습니다.
② 학생들은 두 아기에게 주고 싶은 옷을 생각해 보고, 옷의 색을 선택하여 색칠한 뒤, 선택한 색과 이유를 활동지에 작성합니다.

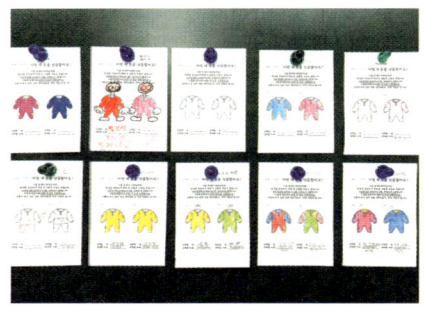

③ 작성한 내용에 대해 서로 이야기해 보고 자신이 은연 중에 성별에 대한 색 고정 관념을 가지고 있었는지 확인해 봅니다.

활동 2. 나의 색깔 마인드맵 그리기

그림책 속 주인공들은 계속 자랍니다. 자라면서 인물들은 정해진 색을 버리고 자기가 좋아하는 색을 찾아갑니다. 그 색은 언제 어떻게 변할지 아무도 모릅니다. 책에서는 그래도 괜찮다고 말합니다. 이번 활동에서는 나만의 색깔을 찾아보는 시간을 가집니다.

① '나'를 떠올리며 생각나는 것들을 마인드맵으로 적어 봅니다. 내용에는 내 물건, 꿈, 좋아하는 것, 어려운 일, 관심사 등 무엇이든 상관없다고 이야기해 주고 학생들이 자유롭게 적을 수 있도록 합니다.
② 마인드맵을 완성한 후에는 자신이 중요하게 생각하고 좋아하는 것들을 스티커로 표시합니다. 표시한 것들은 각자가 좋아하는 색으로 꾸며 봅니다. 이 과정에서 중요한 것은 색깔이 성별에 따라 정해진 것이 아니라 지금 내가 좋아하는

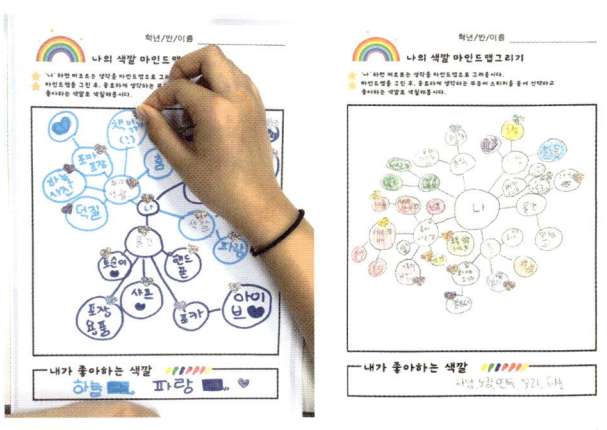

색깔을 찾아간다는 것입니다. 지금 내가 핑크를 좋아한다면 여자라서 좋아하는 것이 아니라, 내가 진짜 좋아하는 색이라서 좋아하는 것임을 이해할 수 있을 것입니다.

활동 3. 안녕? 나의 색깔 가랜드 만들기

좋아하는 색으로 가랜드를 만드는 활동입니다. 이 활동을 통해 완성된 작품을 보면서 학생들은 고정 관념과 편견에서 벗어나 다양한 색이 만들어내는 조화로움을 배울 수 있습니다.

① [활동 2] 마인드맵에서 찾은 요소들을 활동지에 그림으로 그리고 자신이 좋아하는 색들로 꾸며 봅니다. 학생들의 그림은 지우의 방처럼 핑크, 블루도 있지만 다양한 색이 섞여 있고, 각자가 중요하게 생각하는 물건도 다 다릅니다.
② 각자의 개성과 취향이 담긴 그림을 그린 후, 각각의 그림들을 모아 끈으로 연결하면 멋진 가랜드가 완성됩니다.

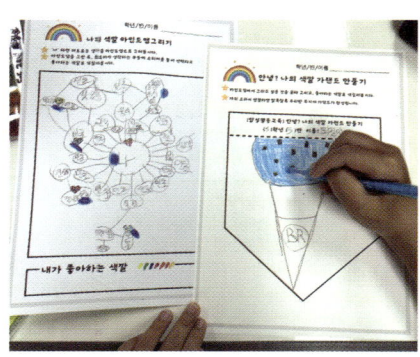

성 역할 고정 관념
남자는 치마를 입으면 안 되나요?

우리는 어렸을 때부터 남자는 파란색 바지를, 여자는 분홍색 치마를 주로 입고 자라며 이를 자연스럽다고 배워 왔습니다. 이러한 성 역할에 따른 차이는 의식주와 같은 기본적인 생활 속에서 관습적인 문화로 형성되어 왔고, 우리는 이를 당연하게 여겼습니다. 이로 인해 학생들이 성장해도 성 역할 고정 관념과 편견은 여전히 의식 속에 남아 있습니다. 그러다 보니 많은 사람이 잠재력을 충분히 발휘하지 못하고, 사회적 불평등으로 인해 갈등이 발생하기도 합니다. 고정 관념은 불평등을 강화하는 요소로 작용하기 때문에, 어렸을 때부터 인식 개선의 중요성을 알려 주는 것이 필수적입니다. "무거우니까 힘센 남학생이 좀 들어줘.", "듬직한 남학생과 얌전한 여학생"이라는 표현은 여전히 학교 현장에서 존재하며, 이는 전통적인 성 역할 고정 관념을 반영합니다. 따라서 교실에서 잘못된 고정 관념이나 편견이 존재하는지, 혹은 그로 인한 갈등 요소가 있는지를 살펴보는 것이 중요합니다. 이러한 과정은 학생들이 서로를 이해하고 차이를 존중하는 데 큰 도움이 될 것입니다. 또한 남성과 여성으로 구분하여 기대되는 역할을 강요하기보다, 하나의 인격체로서 서로를 존중하는 마음을 가질 수 있는 성평등 교육이 필요합니다. 이번 활동을 통해 스스로 원하는 것을 선택할 수 있는 용기를 배우고, 성 역할의 다양성을 이해하며, 고정 관념과 편견을 점검하는 시간이 되길 바랍니다.

추천 대상	초등학교 4~6학년
수업 주제	양성평등 교육 - 성 역할 고정 관념
학습 목표	성 역할에 따른 다양성을 이해하고, 성 역할 고정 관념과 편견에 대해 포용적인 태도를 기른다
활동	1) 책 표지 탐색하기 2) 질문으로 그림책 깊게 읽기 3) 그림책 표지 다시 그리기

 함께 읽은 책

『최고 빵집 아저씨는 치마를 입어요』

길상효 글, 이석구 그림, 씨드북, 2016

최고 빵집 아저씨는 맛있는 빵을 만든다는 자부심을 가진 빵집 사장님이지만, 한 가지 고민이 있습니다. 바로 치마를 좋아한다는 사실입니다. 남자가 치마를 입는다는 소문이 퍼지면서 아저씨는 동네 사람들로부터 손가락질 받습니다. 그러던 중 구두 가게 아이의 당당하고 용기 있는 모습을 보고 자기 생각을 바꾸게 됩니다. 이 이야기를 통해 사람들의 편견과 고정 관념에 맞서 스스로 원하는 것을 선택하는 용기 있는 행동을 하는 빵집 아저씨의 모습을 보며 학생들은 세상에는 다양한 사람들이 있다는 것을 배우고, 자신과 다른 사람들을 이해하고 존중하는 법을 익히게 됩니다. '다름'은 '틀림'이 아니라는 메시지를 전달하는 이 그림책은 학생들이 성 역할에 따른 다양성을 이해하고 고정 관념과 편견을 없애며 포용적인 태도를 기르는 데 도움을 줄 것입니다.

활동1. 책 표지 탐색하기

책 표지를 탐색하면서 자신이 가지고 있는 성 역할 고정 관념과 편견을 알아보는 활동입니다. 책을 읽기 전, 표지 제목에 들어갈 단어를 추측하여 책 내용을 예상해 봅니다. 이 활동은 표지를 통해 책에 대한 흥미를 불러일으키고, 책 속에 담긴 다양한 정보를 미리 탐색해 볼 수 있습니다.

① 단어 추측 게임을 진행하여 학생들의 상상력을 자극하고 참여도를 높입니다. 표지의 '치마'라는 단어를 음영 처리합니다. 학생들에게 음영 처리한 부분에 들어갈 단어를 맞춰 보도록 합니다.
② 학생들이 제시한 단어들을 칠판에 적고, 왜 그런 단어들을 생각했는지를 이야기해 봅니다. 실제 수업에서 학생들이 추측한 단어들로는 '바지', '앞치마', '분홍 팬티', '모자' 등 다양한 것들이 나왔습니다.
③ 제목 맞히기를 한 후에는 "이 그림책의 내용을 예상해 볼까요?"라는 질문을 던져 학생들이 책의 내용을 추측해 보게 하여 상상력을 자극하고, 수업에 대한 집중도를 높입니다. 또한, 속표지의 빵집 아저씨의 표정을 통해 주인공의 감정을 탐구하며 내용에 대한 깊이 있는 이해를 돕도록 합니다.

그림책 질문 예시

- ☑ 그림책 표지의 가려진 부분에 들어갈 단어는 무엇일까요?
- ☑ 이 그림책의 내용을 예상하여 볼까요?
- ☑ 속표지의 빵집 아저씨의 표정이 왜 이렇게 행복해 보일까요?

활동 2. 질문으로 그림책 깊게 읽기

그림책에 관한 질문을 통해 성 역할 고정 관념과 편견에 대한 다양성을 탐구해 볼 수 있는 활동입니다. 내용 확인 질문, 감정 질문, 개인적 연결 질문으로 구성한 활동지를 통해 학생들은 그림책을 조금 더 깊이 있게 읽어 보게 됩니다.

① 내용 확인 질문을 통해 이야기를 읽으면서 중요한 사건이나 캐릭터에 대해 다시 떠올립니다.
② 감정 질문을 통해 주인공의 감정을 이해하는 시간을 가집니다. 이 과정에서 학생들은 최고 빵집 아저씨의 마음을 이해하고 공감하며, 상대방을 있는 그대로 인정하는 태도를 기를 수 있습니다.
③ 개인적 연결 질문을 통해 최고 빵집 아저씨의 이야기를 듣고 성 역할 고정 관념으로 인해 그동안 자신이 하지 못했던 일들을 떠올리며 자신의 마음과 감정을 이해하는 시간을 갖습니다.
④ 학생들이 활동지에 자기 생각을 모두 쓰면, 모둠별로 돌아가며 각 질문에 대한 자기 생각을 공유합니다. 이러한 깊이 있는 질문을 통해 학생들은 성 역할에 대한 고정 관념과 편견에서 벗어나 다양성을 존중하는 마음을 기를 수 있습니다.

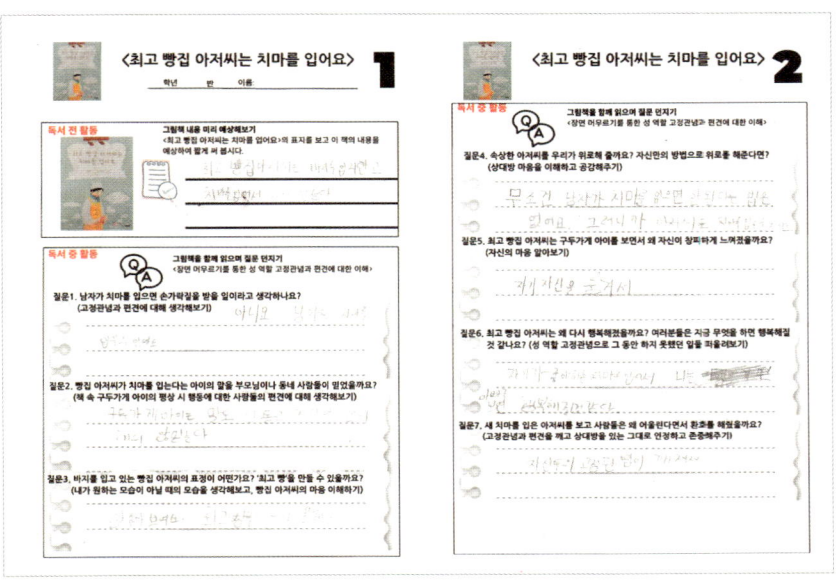

💬 수업 Tip

그림책을 읽고 질문을 만드는 방법은 매우 다양합니다. 질문을 만들 때 '어떻게'나 '왜'를 추가하면 학생들에게 더욱 깊이 있는 사고와 다양한 답변을 유도할 수 있습니다.

활동3. 그림책 표지 다시 그리기

이번 활동을 통해 학생들은 성 역할 고정 관념과 편견을 인식하고, 이러한 요소를 표현함으로써 성 역할에 따른 차이에 대한 포용적인 태도의 중요성을 배울 수 있습니다.

① 앞서 배운 내용을 한 번 더 정리해 이야기한 후, 그림책 표지를 다시 보여 줍니다.

② 일상에서 성 역할 때문에 불편했던 경험이나 감정을 떠올리며 무엇을 그릴지 정합니다.

③ 표지에 들어갈 제목과 작가 이름은 자유롭게 적고, 채색 도구를 이용하여 표지를 꾸밉니다.

④ 모든 작업이 끝난 후에는 자신이 만든 작품을 친구들 앞에서 발표하여 제목의 의미와 표지 그림을 설명합니다.

직업 고정 관념
내 마음속 고정 관념을 지워요!

　여자에게 어울리는 직업, 남자에게 어울리는 직업에 대한 고정 관념은 여전히 우리 사회에 존재합니다. 이러한 고정 관념은 우리 내면에 의식적으로 또는 무의식적으로 자리 잡아, 직업 선택에 영향을 미칠 수 있습니다. 특히 학생들은 이러한 편견 때문에 진로 선택의 폭이 제한되기도 합니다. 따라서 학교에서 고정 관념을 인식하고 스스로 깨뜨리는 과정은 학생들이 더 넓은 세상으로 나아가 평등한 기회를 가질 수 있도록 하는 데 중요한 역할을 합니다. 진로를 탐색하고 선택하는 시기의 학생들에게 양성평등에 대한 인식을 심어 주는 것은 매우 중요합니다. 예를 들어 보건 교사라는 직업은 전통적으로 여성의 비율이 높은 직종으로 여겨져 왔습니다. 실제로, 보건 교사로 발령 받은 한 남자 선생님은 처음 보건실 문을 열고 들어온 학생들로부터 "보건 선생님은 어디 계세요?"라는 질문을 자주 받았다고 합니다. 이는 보건 교사가 여성의 직업이라는 내면의 고정 관념이 무의식적으로 드러난 사례입니다. 성별에 대한 불필요한 레이블을 떼어 내고 직업의 본질에 주목하는 것이 중요합니다. 학생들이 이러한 편견을 스스로 알아차리고 극복해 나가는 과정에서 더 평등한 시각으로 세상을 바라보게 될 것입니다. 나아가 더 평등하고 포용적인 사회를 만드는 데 이바지할 것입니다.

추천 대상	초등학교 5~6학년
수업 주제	양성평등 교육 - 직업 고정 관념
학습 목표	직업 속 성 고정 관념을 발견하고 성 역할 고정 관념을 변화시킬 수 있다
활동	1) 내 마음속 고정 관념 확인하기 2) 등장인물의 생각을 말풍선에 표현하기 3) 다양한 직업의 업무에서 성 차이 구분하기

 함께 읽은 책

『엄마 소방관, 아빠 간호사』

한지음 글, 김주경 그림, 씨드북, 2021

주인공이 "우리 엄마는 소방관이에요!"라고 말하자, 등장인물들은 놀라며 눈이 동그랗게 변합니다. 주인공이 또 "우리 아빠는 간호사예요!"라고 말하자, 등장인물들은 두 손을 높이 들며 깜짝 놀라는 표정을 짓습니다. 그림책 속 소방관 엄마와 간호사 아빠는 직업에 관한 성 고정 관념 때문에 속상한 경험을 하기도 합니다. 그러나 그 자리에서 최선을 다해 일한 결과, 소방관 엄마는 사람의 생명을 살리고 감사 편지를 받기도 하고, 아빠는 친절한 간호사로 인정받아 병원에서 가장 인기 있는 간호사가 됩니다. 학생들은 이 그림책을 통해 자신도 성과 관련된 직업에 대해 고정 관념을 가지고 있었는지 돌아볼 수 있습니다. 또는 사회적으로 고정 관념이 존재하는 직업을 꿈꾸는 친구들이 있다면 "나 역시 주인공처럼 그 자리에서 최선을 다해서 다른 사람들의 고정 관념을 없애 주는 사람이 되어야겠다."라는 긍정적 사고를 키울 수 있을 것입니다.

활동1. 내 마음속 고정 관념 확인하기

그림책을 읽기 전, 활동지를 통해 소방관, 간호사를 어떤 성별로 표현하는지 자신의 성 고정 관념을 확인해 보는 활동을 합니다.

① 학생들에게 얼굴은 모양만 있고 각각 소방관과 간호사 옷을 입은 캐릭터가 그려진 활동지를 제시합니다. 그림을 그리는 동안 오늘의 학습 목표를 알려 주지 않는 것이 핵심입니다. 학생들에게 성별을 표현하라는 말은 빼고, 캐릭터의 눈, 코, 입, 머리 모양, 액세서리를 그려 다양하게 꾸며 보라고 제안하고 충분히 시간을 줍니다.

② 학생들이 그림을 완성하면 오늘의 학습 목표를 공개합니다. 그다음 교사는 몇 가지 질문을 통해 학생들이 자신이 그린 그림을 살펴보도록 합니다. "소방관을 남자로 그린 사람?", "소방관을 여자로 그린 사람?", "간호사를 여자로 그린 사람?", "간호사를 남자로 그린 사람?" 등을 질문합니다.

③ 학생들은 각 질문에 맞게 손을 들어 자신의 선택을 표현하고, 교사는 그 결과를 기록합니다. 교사는 학생들의 응답 결과에 따라 수업 도입을 다르게 설정할 수 있습니다. 만약 간호사를 여자, 소방관을 남자로 그린 학생들이 많다면, 양

성평등 교육을 받더라도 여전히 우리 무의식 속에는 직업과 관련된 성 역할 고정 관념이 존재함을 강조하며 오늘 수업의 필요성을 설명합니다. 반면, 간호사를 남자, 소방관을 여자로 그린 학생들이 많다면, 이것이 양성평등 교육의 효과임을 설명합니다. 나아가 이 수업을 통해 성평등 감수성이 한층 더 성장하고 미래에는 이러한 교육이 필요 없는 시대를 만들어 가기를 바란다고 지지해 주며 수업을 시작할 수 있습니다.

활동 2. 등장인물의 생각을 말풍선에 표현하기

그림책 속 주인공이 "우리 엄마는 소방관이야.", "우리 아빠는 간호사야."라고 했을 때 등장인물들의 표정을 보고, 이들의 생각을 말풍선에 표현해 보는 활동입니다.

① 학생들에게 말풍선 모양의 포스트잇을 나누어 주고 자유롭게 상상해서 대사를 작성하도록 합니다. 이때, 학생들이 자기 생각이 아닌 등장인물의 표정에 어

울리는 대사를 쓸 수 있도록 지도합니다. 실제 수업 시간에 학생들이 적은 대사 중에는 "정말 희한하다. 왜 아빠가 간호사야?"와 같은 내용이 있었습니다.
② 다양한 대답을 함께 확인하면서 내가 주인공이라면 어떤 기분이었을지 짝과 함께 이야기해 보는 시간을 가집니다. 이 활동을 통해 성 역할 고정 관념이 주는 부정적인 감정을 간접적으로 경험하고, 고정 관념이 다른 사람에게 미치는 영향을 깊이 생각해 볼 수 있습니다.

활동 3. 다양한 직업의 업무에서 성 차이 구분하기

실제로 다양한 직업의 업무를 나열하여 해당 직업이 특정 성별에만 적합한 직업인지 시각적으로 확인하는 활동입니다. 이 활동을 통해 학생들은 특정 성별만이 해야 하는 업무가 거의 없다는 사실을 깨닫게 됩니다.

① 모둠별로 다양한 직업을 선택하고, 해당 직업의 주요 업무를 도화지에 적어 봅니다. 만약 직업의 구체적인 업무를 잘 모른다면 스마트 기기를 사용하여 검색할 수 있습니다. 만약 스마트 기기 사용이 어려운 교실이라면, 교사가 ChatGPT 등으로 여러 직업의 업무를 미리 준비해 학생들에게 나눠 줄 수 있습니다.
② 도화지에 업무 작성을 마치면, 각 모둠은 도화지를 다른 모둠과 교환하고, 친구들이 적은 내용을 읽습니다.
③ 성별에 따라 구분되는 업무가 있는지 스티커를 붙여 봅니다. 남자만 할 수 있는 일이라면 빨간색 스티커, 여자만 할 수 있는 일이라면 노란색 스티커, 남녀 모두 할 수 있는 일에는 초록색 스티커를 붙입니다. 모둠은 각자의 기준에 맞춰 스티커를 붙이고, 다시 다른 모둠과 교환해 같은 방식으로 활동을 반복합니다.
④ 모든 활동이 끝나면 도화지를 칠판에 붙이고, 스티커 색상을 확인합니다. 일부 빨간색이나 노란색 스티커가 붙을 수 있지만, 대부분 도화지에는 초록색 스티

 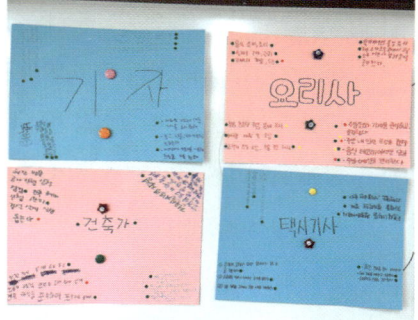

커가 많음을 확인할 수 있습니다.

⑤ 마지막으로 학생들과 활동 결과를 함께 보며, 남자만 또는 여자만 할 수 있는 일이 거의 없다는 사실을 다시 한번 강조합니다. 나아가 학생들이 진로를 생각할 때 성 역할 고정 관념에서 벗어나 적성을 충분히 고려할 수 있도록 지도하며 수업을 마무리합니다.

성 인지 감수성
특별한 노부부

"사내는 돈을 잘 써야 하고 여편네는 물을 잘 써야 한다."라는 속담이 있습니다. 이 속담은 '남자는 밖에 나가서 사회적 활동을 잘해야 하고, 여자는 살림살이를 잘해야 한다.'는 의미입니다. 속담 외에도 조선 시대에는 현모양처라는 여성상을 당연하게 생각했습니다. 현모양처는 현명한 어머니이자 좋은 아내를 뜻하는 말인데, 집안일을 잘하고 자녀를 잘 키우며 남편 내조를 잘하는 아내의 의미를 내포하고 있습니다. 지금 우리 사회는 성차별에 대한 인식이 많이 바뀌고 있지만, 아주 먼 옛날부터 뿌리가 깊었던 만큼 가정에서의 성차별 고정 관념은 남아 있습니다. "딸이 많으면 뭐 해. 아들이 있어야지."라는 말을 듣게 되거나 학교에서 아픈 학생이 있으면 부모 중 어머니에게 먼저 연락하는 것처럼 말입니다. 따라서 성차별 고정 관념을 없애기 위해 어릴 때 가정에서부터 성평등 교육이 필요합니다. 가정에서의 성평등 교육이 이루어지려면 부부의 성평등이 우선해야 합니다. 아이들은 가정에서 부모를 보며 자라고, 집에서 보고 배운 생각과 행동이 무의식적으로 나오기 때문입니다. "엄마가 맛있는 요리를 해 줬으니까 설거지랑 뒷정리는 아빠랑

같이 하자!" 등 가정에서 소소한 노력이 반복되면 집안일은 엄마만 하는 것이 아니라 가족 모두가 한다는 성평등 인식이 생기게 됩니다.

추천 대상	초등학교 1~6학년
수업 주제	양성평등 교육 - 성 인지 감수성
학습 목표	우리 가족의 역할을 생각해 보고, 성평등을 글로 표현할 수 있다
활동	1) 단어 카드로 이야기 상상하기 2) 핑거맵으로 보는 가족의 역할 3) n행시 쓰기

함께 읽은 책

『할머니의 트랙터』

안셀모 로베다 글, 파올로 도메니코니 그림,
김현주 옮김, 한겨레아이들, 2019

"이 책은 성 역할에 관하여 이야기하고, 고정 관념에 반대하는 책입니다."
책을 펼치면 가장 먼저 만나는 문구입니다. 할머니는 긴 장화를 신고 빨간 트랙터를 운전해서 과수원을 돌보고 농사를 짓습니다. 할아버지는 빨래를 하고, 잼과 체리 파이도 만들고, 친구와 수다도 즐기면서 할머니의 퇴근을 기다립니다. 자기가 좋아하고 잘하는 일을 하면서 함께 살아가는 평범한 노부부의 특별함이 담긴 그림책입니다. "엄마는 여자니까 집안일 하고, 아빠는 남자니까 회사에서 돈 벌어요."라는 말이 이상하지 않았던 시절이 있었습니다. 지금 사회도 이런 시선이 완전히 없어지지는 않았지만 그래도 많이 변화되었습니다. 이 그림책의 이야기처럼 점점 더 우리 사회는 개인의 역할을 성별로 정하지 않고, 능력과 의지에 따라 이루는 추세입니다. 닭은 아침을 알리기 위해서 우는 동물이라고 알고 있었는데, 그림책 속 할머니네 수탉은 밤낮 상관없이 울고 싶을 때 운다고 합니다. 하지만 할머니, 할아버지에게는 이런 수탉도 대수롭지 않습니다. 할머니네 집에 사는 사람과 동물들은 그저 각자의 역할을 자기 의지에 따라 수행하며 살아갑니다. 학생들도 성별에 얽매이지 않고 다양한 선택을 하며 경험을 쌓아가는 사람으로 성장하기를 바랍니다.

활동 1. 단어 카드로 이야기 상상하기

수업에서 함께 읽을 그림책 내용을 궁금하게 만드는 활동입니다. 이 활동을 통해 다양하고 창의적인 상상력이 자극되고, 학생들의 호기심이 한껏 유발됩니다.

① 책을 읽기 전, 교사는 『할머니의 트랙터』에서 성별과 관련이 있다고 생각되는 단어를 찾습니다. 예를 들어, '할머니, 할아버지, 빨래, 요리, 빨간 트랙터, 쿠키, 립스틱, 과수원 농사' 8개의 단어를 선택합니다.
② 교사는 A4 종이 한 장에 단어를 하나씩 적어서 단어 카드 8장을 만듭니다. 이 때, 뒤에 앉은 학생들도 보일 수 있게 단어 카드 글자를 크게 만듭니다. 학생들이 함께 이야기를 만들 수 있도록 모둠을 구성합니다. 그리고 이 8개의 단어는 오늘 읽을 그림책에 나오는 단어라고 설명합니다.
③ 각 모둠은 이 단어들을 모두 사용하여 그림책의 내용을 상상해 이야기를 만들어 냅니다. 이야기는 2~3문장으로 자유롭게 표현할 수 있습니다.

④ 이야기가 완성되면 모둠 전체가 앞으로 나와 칠판에 있는 단어 카드를 나누어 들고 발표합니다.

⑤ 학생들은 이야기의 순서에 맞추어 단어 카드를 배열하고 친구들에게 이야기를 들려줍니다.

활동 2. 핑거맵으로 보는 가족의 역할

가족의 역할을 생각해 보는 활동입니다. 그림책의 할머니는 여자니까 집안일을 하고 할아버지는 남자니까 농사일을 하는 것이 아니라 각자 즐겁고 행복한 일을 찾아서 합니다. 이렇듯 성별이 아닌 개인의 다른 성향을 인정하고 조화롭게 살아가는 모습은 성 인지 감수성을 자연스럽게 보여 줍니다. 그렇다면 우리 가족의 역할은 어떻게 분배되어 있는지 핑거맵을 통해 생각해 봅니다.

① A4 종이의 가운데에 다섯 손가락을 펼쳐 손을 올립니다.

② 종이에 손을 대고 따라 그린 뒤, 손가락 하나마다 가족 구성원을 한 명씩 위치시킵니다.

③ 손톱 부분에 눈, 코, 입, 머리카락 등으로 가족의 특징을 살려 꾸며 주어도 좋다

 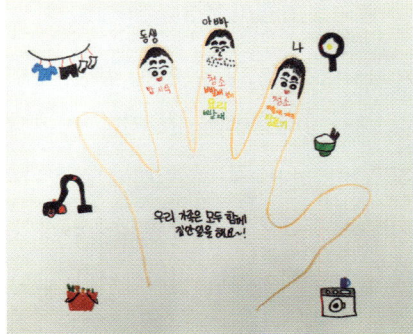

고 설명합니다.

④ 손가락 마디에는 우리 가족이 맡은 역할을 나열해서 적고, 손바닥에는 가족의 역할 분배가 잘 되어 있는지 평가한 내용을 한 줄로 적습니다.

⑤ 손가락 마디에 적은 가족의 역할이 몇 개인지 비교하여 개수가 비슷하다면 역할이 잘 분배된 것으로 판단합니다.

⑥ 핑거맵이 완성되면 작성한 내용을 발표로 공유합니다.

수업 Tip

가족의 집안일 내용을 두루뭉술하게 말로만 이야기하는 것보다 종이에 하나씩 적어 나열해서 눈으로 확인하고 느끼는 수업 방법이 더 좋습니다.

활동3. n행시 쓰기

[활동 2]를 통해 어떤 학생들은 가족이 성별 차별 없이 함께 집안일을 나누고 있다고 이야기하거나, 어떤 학생들은 엄마가 혼자 많은 일을 하는 것 같아 미안하다는 이야기도 합니다. 교사는 학생들이 성 인지 감수성을 이해하기 쉽도록, 일상생활에서 성차별이 무엇인지 알고, 성평등을 위해 노력하자는 이야기로 정리합니다. 그다음 성평등 내용을 포함한 n행시 쓰기 활동을 합니다.

① n행시 소재는 그림책에 나온 단어로 고릅니다. 학생들은 함께 읽었던 그림책에서 기억에 남는 단어를 선택하거나, 생각이 잘 나지 않는다면 [활동 1]에서 사용했던 8가지 단어 카드 중에서 하나를 골라도 됩니다.
② n행시 쓰기는 개인이 하나씩 작성해도 되고, 어려워할 경우, 친구의 아이디어를 참고해도 좋습니다.
③ 작성을 빨리 마친 학생들은 다른 소재를 골라 한 편을 더 써 보거나 어려워하는 친구를 도와주도록 합니다.
④ 작성이 끝나면 학생들은 모둠 안에서 의견을 모아 가장 잘 쓴 작품을 골라서 발표하며 성평등에 대한 이해를 높입니다.

6장

건강한 환경 및 미디어 안전

건강한 환경과 미디어 안전은 학생들의 성장에 중요한 역할을 합니다. 이번 장에서는 질병과 병원, 불량 식품, 가짜 뉴스, 스마트폰 중독, 게임 중독을 다루고 있습니다. 학생들이 올바른 병원 이용 방법과 안전한 식품 선택, 그리고 미디어 안전에 대해 배우며 올바른 선택의 중요성을 깨닫게 되기를 바랍니다.

질병과 병원
병원, 현명하게 이용해요!

누구나 아플 때 자연스럽게 병원을 찾습니다. 하지만 막상 질병에 걸리면, 어떤 진료과를 방문해야 할지 몰라 당황스러운 경우가 많습니다. 눈이나 이가 불편할 때처럼 진료과를 정확하게 알고 있는 때도 있지만, 화상이나 피부 손상 등의 경우에는 어느 진료과를 선택해야 할지 헷갈리기 쉽습니다. 예를 들어, 1도 화상은 피부과에서 치료받을 수도 있지만, 심한 화상이라면 일반 외과를 찾아야 합니다. 또한, 얼굴의 피부가 찢어졌을 때는 흉터 방지를 위해 피부과보다는 성형외과를 찾는 편이 좋습니다. 이처럼 자신의 건강 문제에 맞는 적절한 진료과를 알고 선택하는 것이 중요합니다. 병원을 현명하게 이용할 수 있는 능력을 갖추면 더 빠르고 적절한 치료를 받을 수 있을 것입니다. 보건실은 학생들에게 일차적인 치료를 제공하는 곳입니다. 필요에 따라 가정에 연락하여 병원으로 안내하거나, 긴급한 상황에서는 구급차를 불러 학생들을 병원으로 이송시키기도 합니다. 해당 진료과에 대한 도움을 얻기 위해 119에 연락하면 구급 상황 관리팀이 병원에 대한 설명을 제공하기도 합니다. 도움을 받는 것도 좋은 방법이지만, 사전에 병원의 기능과 진료과에 대한 지식이 있다면 가족이나 본인이 아플 때 긴급하고 당황스러운 상황을 더욱더 신속하게 헤쳐 나갈 수 있을 것입니다.

추천 대상	초등학교 5~6학년
수업 주제	건강한 환경 및 미디어 안전 - 질병과 병원
학습 목표	병원의 기능을 알고, 자신의 건강 상황에 맞는 진료과를 선택할 수 있다
활동	1) '병원에 가면' 2) 스피드 진료과 찾기 3) ○○과 의사를 소개합니다

 함께 읽은 책

『삐오삐오 병원 24시』

권재원 글, 하민석 그림, 창비, 2014

『삐오삐오 병원 24시』는 해적 놀이를 하던 학생들이 병원에 입원하게 되면서 겪는 다양한 상황을 실감 나게 그려낸 책입니다. 처음에는 병원이 무서워 거부감을 느끼던 학생들이 응급실을 거쳐 각기 다른 진료과에서 치료 받고 회복하는 과정을 통해 병원에 대한 긍정적인 경험을 쌓아 갑니다. 이런 경험을 토대로 마침내 해적선 대신 병원선을 타고 사람들을 치료하는 해적이 되기로 합니다. 병원은 아플 때 가는 곳이라 막연한 공포를 느끼는 학생들도 있을 수 있습니다. 하지만 이 그림책을 통해 구급차가 필요한 상황, 다양한 진료과의 종류와 병원에서 일하는 다양한 직업군에 대해 알게 됩니다. 또한 병원이 더는 공포의 장소가 아니라 필요한 때에 적절한 치료를 제공해 줄 수 있는 다양한 인적, 물적 자원을 갖춘 고마운 공간임을 알게 될 것입니다.

활동 1. '병원에 가면'

그림책을 읽기 전, 학생들과 함께 '병원에 가면' 게임을 합니다. 이 활동을 통해 학생들은 평소 생소했던 다양한 병원 관련 어휘를 접하게 됩니다.

① 교사와 학생 전체가 "병원에 가면~"이라고 말하면, 게임에 참여하는 모둠 학생들은 순서대로 떠오르는 단어를 하나씩 말합니다.
② 두 번째 학생부터는 이전 순서의 학생이 말한 단어에 자신이 생각한 단어를 추가해 문장을 이어 갑니다. 예를 들어, 첫 번째 학생이 "병원에 가면 의사도 있고"를 말하면, 두 번째 학생은 "의사도 있고, 간호사도 있고"를 이어 말하고, 세 번째 학생은 "의사도 있고, 간호사도 있고, 수술실도 있고"를 덧붙입니다. 이 활동을 통해 학생들은 병원에 대해 떠오르는 모든 것을 생각해 봅니다.
③ 점수는 학생들이 연속해서 말한 답의 갯수로 매깁니다. 만약 한 학생이 이전 학생들이 말한 내용을 이어가지 못하면, 직전 학생의 답 갯수가 점수로 인정됩니다.
④ 그림책을 읽은 후 다시 한번 학생들과 게임에서 나온 단어 외에 다른 단어를 말해 보면 좋습니다. 간호사, 의사, 주사기 같은 일반적인 단어만 말하던 학생들이 책을 읽고 난 후에는 방사선사, 마취과 의사, 임상병리사 등 풍부한 의학용어를 말하게 됩니다.

'병원에 가면' 게임 결과

조	'병원' 하면 떠오르는 단어	점수
1조	정신의학과, 주사기, 간호사	4
2조	의사, 간호사, 주사기, 링거	4
3조	주사, 의사, 간호사	3
4조	의사, 간호사, 청진기, 수술방, 링거, 병실	6
5조	의사, 간호사, 주사기, 청진기, 채혈실	5
6조	의사, 간호사, 링거, 청진기, 주사기	5

책을 읽고 난 후 생각나는 단어
조리원, 약사, 전공의, 교수, 응급실, 인턴, 응급 구조사, 수술실, 마취과 의사, 방사선 기사, 보안 요원, 맹장, 임상 병리사, 치과 등

활동 2. 스피드 진료과 찾기

'스피드 진료과 찾기' 게임을 통해 학생들이 다양한 건강 상황에 적절한 진료과를 신속하게 연결할 수 있도록 학습하는 활동을 합니다.

① 놀이 활동을 하기 전, 교사는 학생들과 카드를 보며 진료과별 특징과 어떤 진료를 받는지 이야기를 나눕니다.
② 놀이를 위해 교사는 진료과가 적힌 카드 세트와 점수판을 모둠별 1세트씩 제공합니다.
③ 학생들은 카드를 받아 책상 중앙에 카드를 펼쳐 두고, 점수판에 자신의 이름을 적습니다.
④ 교사는 다양한 건강 상황이 적힌 PPT 슬라이드를 제시합니다.
⑤ 제시된 건강 상황을 보고 학생들은 재빨리 책상 위에 있는 진료과 카드를 골라

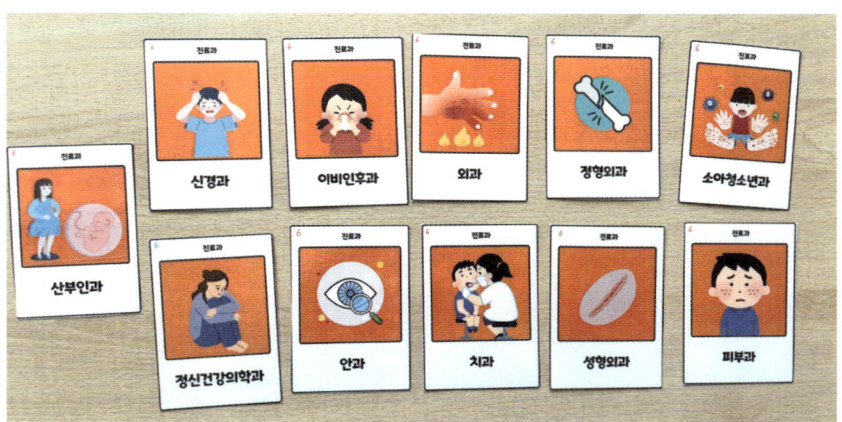

잡습니다. 예를 들어 선생님이 '양치 후 거울을 봤는데 어금니에 까만 충치가 생겼네.'라는 내용의 PPT를 제시하고, 학생들은 이 상황과 맞는 치과 카드를 먼저 선택하면 점수를 획득합니다. 카드가 동시에 선택된 경우, 가위바위보를 통해 카드를 결정하도록 사전에 규칙을 정해 두는 것이 좋습니다.

⑥ 교사는 정답을 공개하고, 정답을 맞힌 학생에게는 1점을 부여합니다. 단, 이때 학생들이 정답을 모를 경우, 무작위로 카드를 선택하지 않도록 주의해야 합니다. 이 게임의 목표는 각 사례에 적합한 진료과를 찾는 것이므로, 점수를 위한 카드 선택이 아니라 사례를 깊이 있게 분석한 후 카드를 선택하도록 안내합니다.

활동 3. ○○과 의사를 소개합니다

그림책을 통하여 병원에서 일하는 다양한 사람들을 알아본 후, 학생들은 그림책 속 병원에서 새로 근무하게 될 의사가 된다고 상상해 보는 활동을 진행합니다.

① 교사는 소아청소년과, 정신과, 외과 등 다양한 진료과가 적힌 명함 양식을 임의

로 나눠 줍니다.

② 학생들은 자신이 선택한 진료과의 의사가 되었다고 상상하며, 해당 진료과의 주력 진료 항목을 네모 칸에 적습니다. 예를 들어, 소아청소년과를 맡은 학생이 '나는 호흡기 질환을 잘 보는 소아청소년과 의사'라고 상상하며 빈칸에 '감기 걸린 학생을 빠르게 치료해 줍니다.'라고 적습니다.

③ 진료과 대한 정보가 부족하여 진료 항목을 쓰는 것을 어려워하는 학생들은 주위 친구들에게 도움을 받도록 합니다. 예를 들어 "정형외과 가본 사람?"이라고 질문하여 친구들의 경험을 듣고 작성하도록 합니다.

④ 진료 항목을 적은 후, 명함에 자신의 이름을 적고 자신을 나타낼 수 있는 캐릭터를 간단하게 그려 봅니다.

⑤ 활동을 마친 후 학생들이 손을 들어 발표할 수 있는 시간을 제공합니다. 교사는 손을 든 학생의 진료과를 확인한 후, "자! 이번에는 ○○과 △△△ 의사 선생님을 모셔 보겠습니다." 하며 발표자를 소개합니다. 발표자는 "안녕하세요, □□를 건강하게 만들어주는 ○○과 의사 △△△입니다."라고 자신을 소개합니다. 친구들의 소개를 들으며 학생들은 다양한 진료과의 역할을 배울 수 있습니다.

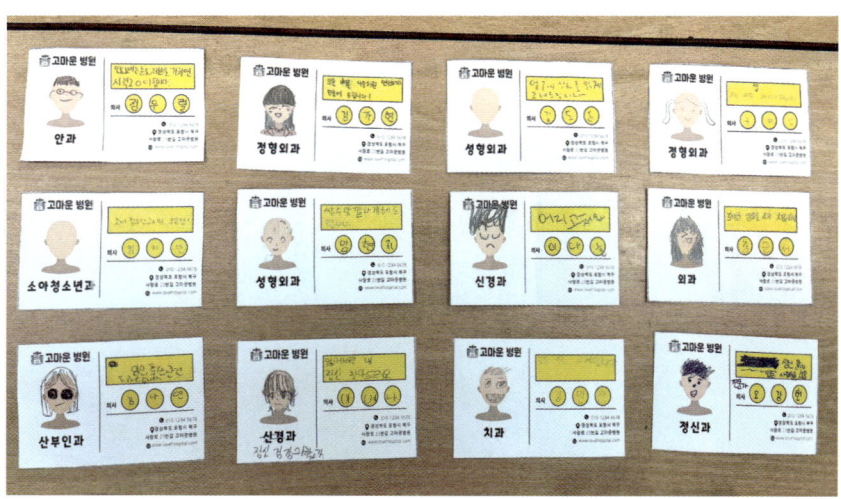

불량 식품
건강하고 안전한 식품을 선택해요!

"지금의 당신은 당신이 먹은 것의 결과물이다."라는 외국 속담이 있습니다. 이 말은 우리가 매일 섭취하는 음식이 단순히 에너지만 제공하는 것이 아니라 우리의 체형, 생활 습관, 심지어 성격까지도 큰 영향을 미친다는 것을 의미합니다. 특히 어린이들에게 음식 선택의 중요성은 더욱 큽니다. 어린이 기호식품이라 불리는 과자, 사탕, 빵, 초콜릿, 음료수, 아이스크림 등은 맛있고 매력적이지만 가공식품이라 영양소가 부족하고, 식품 첨가물이 포함되어 있습니다. 우리나라는 식품 첨가물에 대한 철저한 관리와 어린이 기호식품 인증 마크를 통해 안전한 식품 선택에 도움을 주고 있지만, 이러한 가공식품을 자주 그리고 많이 섭취한다면 가려움, 배탈, 여드름, 설사, 알레르기 등의 질환을 유발하고 영양 불균형으로 인해 건강한 성장과 발달을 방해할 수 있습니다. 최근 해마다 학교 요보호자 학생(지속적인 건강 관리가 필요한 학생) 중에서 천식, 식품 알레르기, 아토피와 같은 질환을 앓는 사례가 증가하고 있습니다. 식품 첨가물은 이러한 질환을 유발하거나 악화시킬 수도 있으므로 가공식품보다는 자연식품을 선택하고, 가공식품을 고를 때는 식품 포장지의 식품 첨가물이나 알레르기 정보를 확인하는 등 건강하고 안전한 식품을 선택하는 생활 습관을 기르는 것이 중요합니다. 따라서 학생들이 자주 먹는 어린이 기호식품 속 식품 첨가물에 대해 알아보고, 학생들이 좋아하는 음식을 건강하고 안전하게 즐기는 방법을 배워 보고자 합니다. 이를 통해 학생들은 건강한 나를 위해 내가 먹는 식품에 관심을 가지고, 건강하고 안전한 식품 선택을 위한 방법을 삶에 적용할 수 있을 것입니다.

추천 대상	초등학교 5~6학년
수업 주제	건강한 환경 및 미디어 안전 - 불량 식품
학습 목표	식품 첨가물에 대해 알 수 있으며, 건강하고 안전한 식품을 선택할 수 있다
활동	1) 주인공이 되어 불량 식품 발명하기 2) 식품 첨가물 너도나도 놀이 3) 건강한 간식 식판 차리기

 함께 읽은 책

『불량 식품 발명왕 제인은 어디로 갔을까?』

메흐디 라자비 글, 마라암 타흐마세비 그림, 유아가다 옮김, 머스트비, 2023

이 그림책의 주인공 제인은 불량 식품을 아주 좋아합니다. 책 속에서 말하는 불량 식품이란 어린이 기호식품으로, 과자, 사탕, 젤리, 탄산음료 등을 말합니다. 많은 어린이가 어른들의 잔소리 없이 마음껏 군것질하고 싶다는 생각을 해 봤을 것입니다. 어느 날 우연히 불량 식품 발명 대회 초대장을 발견한 제인은 대회에서 신기하고 괴상한 불량 식품을 만들고, 불량 식품을 마음껏 먹게 됩니다. 평소 바람이 이루어진 것입니다. 하지

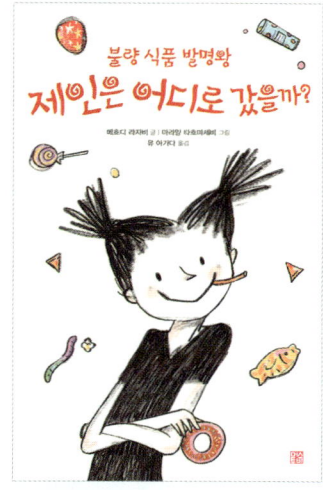
만 불량 식품을 배가 아플 정도로 먹고 쓰러진 아이들의 모습을 보며 불량 식품을 실컷 먹는 것이 그리 유쾌한 일이 아니며, 우리 몸을 힘들게 만들 수 있다는 것을 깨닫게 합니다. 책 제목이 묻는 답을 찾으면서 가공식품 속 식품 첨가물이 우리 몸에 미치는 영향에 대해 알아보고, 좋아하는 식품을 건강하고 안전하게 선택하는 방법을 생각해 볼 수 있습니다.

활동 1. 주인공이 되어 불량 식품 발명하기

그림책을 읽기 전, 불량 식품 발명왕 제인이 되어 내가 먹고 싶은 불량 식품을 발명해 봅니다. 엉뚱하지만 재치 있는 불량 식품을 상상하면서 그림책에 대한 기대와 수업에 대한 흥미를 높일 수 있습니다.

① 활동의 이해를 돕기 위해 교사는 그림책에 나오는 제인의 불량 식품 발명품 그림을 PPT 자료로 보여 주고 활동 방법을 설명합니다.
② 학생들은 자신이 좋아하는 과자나 아이스크림, 젤리 등을 조합하여 불량 식품 발명품을 상상해 보고, 글과 그림으로 표현합니다.
③ 각자 발명한 불량 식품을 발표한 후 불량 식품에 대한 경험을 나누어 봅니다.

활동 2. 식품 첨가물 너도나도 놀이

그림책을 읽고 나서 "제인은 어디로 갔을까요?"라고 질문하면 학생들은 제인이 과자를 많이 먹어서 병원에 갔을 거라고 말합니다. 제인이 좋아하는 불량 식품은 가공식품이기 때문에 식품 첨가물이 들어 있습니다. 식품 첨가물을 과도하게 섭취하게 되면 건강에 해롭습니다. 이번 활동에서는 학생들이 자주 먹는 기호식품의 식품 정보표를 확인하고, 놀이하는 과정을 통해 식품 첨가물의 유해성과 안전한 식품 선택의 중요성을 느낄 수 있습니다.

① 먼저 학생들에게 식품 첨가물의 의미, 종류, 몸에 해로운 점 등을 설명합니다.
② 학생들에게 실제 과자 포장지를 나눠 주고 과자 포장지에 있는 영양 성분표, 원자료 및 함량 등을 함께 보면서 식품 정보표에서 확인해야 하는 사항을 짚어 봅니다. 사전에 학생들에게 과자를 하나씩 준비해 오도록 해도 되고, 교사가 직접 준비하거나 또는 과자 포장지의 식품 정보 사진을 출력하여 준비합니다.
③ 과자 포장지에서 식품 첨가물을 확인하는 법을 배운 후 식품 첨가물 너도나도 놀이를 시작합니다.
④ 학생들 개별로 식품 정보표를 읽고 식품 속에 포함된 식품 첨가물 키워드를 확인한 뒤, 그중 5개를 골라 활동지에 작성합니다.
⑤ 순서대로 돌아가면서 식품 첨가물 키워드를 하나씩 말합니다. 발표자와 같은 키워드를 작성했을 때 "나도!"라고 외치며 손을 듭니다.
⑥ 발표자를 포함해서 손을 든 사람이 몇 명인지 확인합니다. 만약 발표자를 포

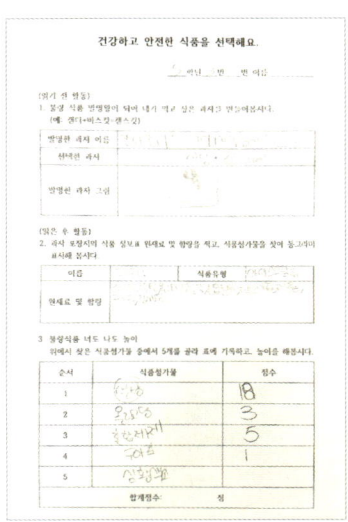

함해서 7명이 손을 들었다면 점수 칸에 7점을 기록합니다. 다음 순서인 학생이 작성한 키워드 중의 하나를 이야기하고 같은 방식으로 놀이를 이어 나갑니다.

⑦ 한 바퀴를 돈 후 발표할 키워드가 없으면 "패스", 있으면 키워드를 말하고 같은 방식으로 놀이를 이어 나갑니다.

⑧ 모든 학생이 발표한 후 점수를 합하여 가장 높은 점수를 받은 식품 첨가물이 무엇인지 확인합니다.

> 💊 **수업 Tip**
>
> 학생들이 작성한 식품 첨가물 키워드를 보며 '숨은 설탕 찾기'를 할 수 있습니다. 설탕과 같은 성분으로 혈당을 높이지만 설탕으로 표기되지 않은 식품 첨가물을 찾아봅니다. 특히 가공식품에는 유당, 과즙 농축액, 액상 과당, 시럽, 물엿, 덱스트린과 같은 첨가 당이 많이 들어 있어 일일 당분 섭취를 높이고 건강을 해칠 수 있습니다.

활동 3. 건강한 간식 식판 차리기

불량 식품 수업을 듣고 달라진 제인이 되어 건강한 간식 식판을 차려 보는 활동입니다.

① 활동 전에 건강하고 안전한 식품 선택을 위해 무엇을 할 수 있을지 이야기해 봅니다. 예를 들어 가공식품 대신 자연식품 많이 먹기, 식품 포장지를 확인하고 식품 첨가물이 적게 든 식품 선택하기, 어린이 기호식품 및 HACCP 인증 마크 확인하기 등이 있습니다.

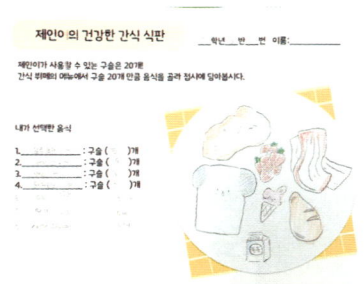

② 간식 뷔페에 간 제인은 가지고 있는 구슬 20개로 메뉴판에서 먹고 싶은 식품을 바꿔 담을 수 있습니다. 이때 음식은 메뉴판 그대로 담아도 되고, 식재료를 골라 새로운 음식을 만들 수도 있습니다. 예를 들어 딸기와 우유를 골라 딸기 스무디를 만들 수 있습니다. 메뉴판에는 콜라나 과자도 있습니다. 콜라가 몸에 안 좋은 것은 알지만 마시고 싶을 때가 있습니다. 학생들은 콜라 대신 탄산수 마시기, 콜라를 마시지만 양은 적게, 다른 식품을 건강한 자연식품으로 선택하기 등 실생활에 맞게 조절하여 건강한 간식 식판을 완성해 봅니다.

가짜 뉴스
진실 혹은 거짓

신문, 잡지, TV, 영화 등을 '미디어'라고 한다면 요즘은 '뉴미디어'에 더 익숙한 시대입니다. 뉴미디어란 그림이나 문자 등을 통해 쌍방향 의사소통이 가능한 미디어로 인터넷, SNS, 스마트폰 등이 있습니다. 우리의 일상이 되어 버린 뉴미디어를 통해 사람들은 다양한 뉴스나 정보를 접하지만, 걱정되는 점도 있습니다. 많은 사람이 뉴스의 사실 여부를 확인하지 않고 흥미로운 내용에만 관심을 가지기 때문입니다. 확인되지 않은 자극적인 가짜 뉴스는 SNS를 통해 불특정 다수로 빠르게 퍼질 수 있습니다. 이로 인해 의도치 않게 피해를 보는 사람이 생기기도 합니다. 가짜 뉴스 때문에 오랜 시간 방송 활동이 중단되고 생활고에 시달리는 연예인이 그 예입니다. 학교에서도 유사한 사례들이 있습니다. 친구들끼리 SNS를 통해 어떤 친구의 가짜 뉴스를 게시합니다. 장난으로 한 행동이었는데 진짜처럼 퍼지고 눈덩이처럼 커져 걷잡을 수 없게 됩니다. 형체가 없는 소문을 바로 잡기란 쉽지 않으므로, 결국 학교 폭력 사안으로 이어지는 상황이 발생하기도 합니다. 따라서, 미디어를 비판적으로 읽고 올바르게 활용할 수 있도록 미디어 리터러시 교육이 필요합니다. 학생들이 가짜 뉴스의 발생 원인을 이해하고, 스스로 정보를 분별하는 능력을 키운다면, 책임감 있는 디지털 시민으로 성장할 수 있을 것입니다.

추천 대상	초등학교 4~6학년
수업 주제	건강한 환경 및 미디어 안전 - 가짜 뉴스
학습 목표	가짜 뉴스가 발생하는 원인을 알고, 가짜 뉴스에 올바르게 대처하는 방법을 글로 표현할 수 있다
활동	1) 멘티 미터로 우리들의 생각 알기 2) 말 전달하기 놀이 3) 만약 나라면?

함께 읽은 책

『근데 그 얘기 들었어?』

밤코 글·그림, 바둑이하우스, 2018

『근데 그 얘기 들었어?』는 마을에 개미가 이사 오면서 이야기가 시작됩니다. 개미와 처음 만난 동물은 시력이 좋지 않은 두더지입니다. 두더지는 잘 보이지 않아서 네모난 몸, 둥근 얼굴에 뾰족한 뿔이 난 동물이 이사 왔다고 다른 동물들에게 알립니다. 두더지를 제외한 다른 동물들은 개미를 직접 본 적은 없지만 "~하게 생긴 동물이래."라며 소문을 전달합니다. 여러 동물의 입을 거치다 보니 개미는 어느새 마을을 잡아먹는 괴물로 묘사되고 있었습니다. 마지막에는 상처받은 개미에게 오직 곰만이 "미안해."라고 사과합니다. 곰은 그 사건 이후 다른 동물들이 옆에서 무슨 말을 하더라도 듣지 않고 오로지 책만 읽는 모습을 보입니다. 이는 확인되지 않은 소문에 휩쓸리지 않고 자신이 확인한 사실만 믿겠다는 의미로 해석할 수 있습니다. 이런 곰의 우직한 모습처럼, 학생들도 가짜 뉴스에 대한 올바른 인식을 갖추고 건강한 미디어 생활을 할 수 있을 것입니다.

활동 1. 멘티 미터로 우리들의 생각 알기

그림책을 읽기 전, 학생들은 어떤 SNS를 주로 사용하는지 멘티 미터 투표를 통해 알아봅니다. 멘티 미터는 크롬북을 활용하여 학생들의 의견이나 답을 교사가 실시간으로 확인할 수 있는 수업 도구입니다. 그림책에서 개미의 가짜 뉴스는 말을 통해 소문으로 커졌지만, 학생들은 주로 SNS를 통해 소통합니다. 따라서 학생들 사이에 가짜 뉴스가 만들어진다면 어떤 종류의 SNS가 시작점인지 알아보기 위한 활동입니다.

① 학생들은 교사가 안내한 멘티 미터 투표하기에 접속합니다.
② 자신이 사용하는 SNS는 무엇인지 생각해 보고, 그중 가장 많이 사용하고 있는 SNS를 선택하여 투표합니다. 만약 SNS를 하지 않는 학생이 있다면 '기타'에 표시하도록 합니다. 투표 결과가 나오면 자신과 같은 종류의 SNS를 사용하는 친구들이 얼마나 되는지 확인할 수 있습니다.
③ SNS와 관련하여 가짜 뉴스를 경험한 적이 있는지 학생들의 이야기를 들어 본 후, 그림책을 함께 읽습니다.

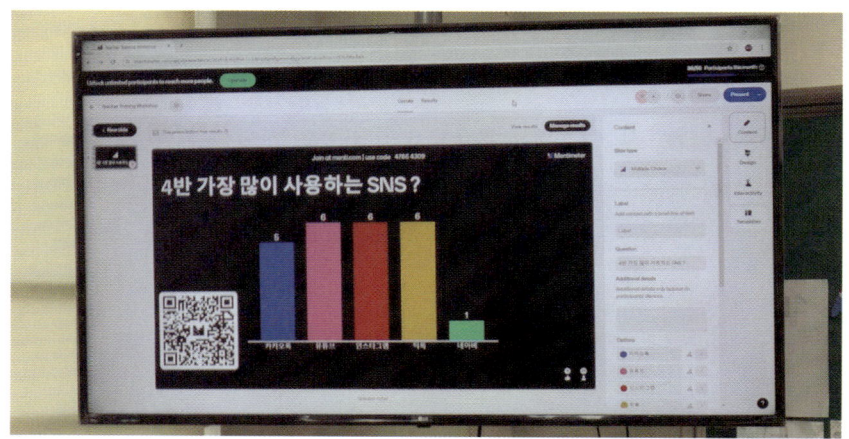

활동 2. 말 전달하기 놀이

그림책을 읽은 후에는 가짜 뉴스가 발생하는 원인을 알아보기 위해 '말 전달하기' 놀이를 합니다. 그림책에서 마을 동물들은 소문으로 들은 개미를 괴물이라고 상상하게 되는데, 개미는 자신에 대한 가짜 뉴스를 알고 마음이 상하게 됩니다. 이러한 상황은 학생들 사이에서도 종종 발생합니다. 요즘은 초등학교 1학년도 스마트폰을 가지고 다니는 만큼, 각종 미디어와 SNS가 보편화되다 보니 SNS를 통해 가짜 뉴스가 생기고 퍼지는 일도 그만큼 많아졌습니다. 이 놀이를 통해 학생들은 말이 여러 사람을 거치면서 원래 내용과 달라지는 과정을 발견할 수 있습니다.

① 먼저 학생들은 6명씩 한 팀을 이룹니다. 학급에 학생 수가 적다면, 팀당 인원수를 줄입니다.
② 미션 문장 유출을 방지하기 위해 학생들은 칠판을 등지고, 귀를 막은 채, 교실 뒤쪽을 바라보며 일렬로 섭니다.
③ 고사는 가장 앞에 있는 학생들만 칠판 앞으로 나오게 한 뒤, 미션 문장을 보여

줍니다. 이때 미션 문장은 쉽게 이해하고 기억할 수 있도록 간단하게 작성하는 것이 좋습니다. 대신 아무리 쉬운 내용이라도 문장의 길이가 2~3문장 된다면 길이를 조절합니다.

④ 미션 문장을 확인한 학생들은 자기 자리로 돌아가서 자기 앞에 있는 친구에게 귓속말로 전달합니다. 전달받은 친구는 같은 방법으로 말을 전달하고, 이 과정을 반복합니다.

⑤ 마지막으로 말을 전달받은 학생은 앞으로 나와서 내용을 발표합니다.

⑥ 교사는 정답 문장을 보여 주고 학생이 발표한 내용과 비교합니다. 엉뚱한 답이 나오면 "내가 언제 그렇게 말했어?"라는 학생들의 탄식이 여기저기서 들리게 됩니다. 마지막으로 가짜 뉴스가 발생하는 원인에 대해 발표하며 정리합니다.

활동 3. 만약 나라면?

내가 만약 가짜 뉴스에 노출되었을 때, 어떻게 행동할지를 생각하고 글로 정리하는 활동입니다. 그림책 내용 중 곰을 제외한 동물들은 개미를 오해한 것에 대해 사과하지 않으며, 재미있는 소문에만 귀 기울이는 모습을 보

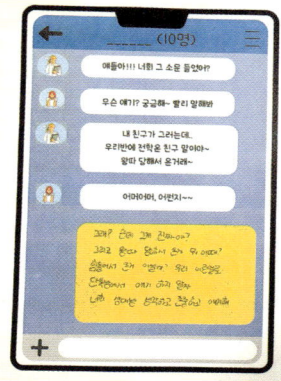
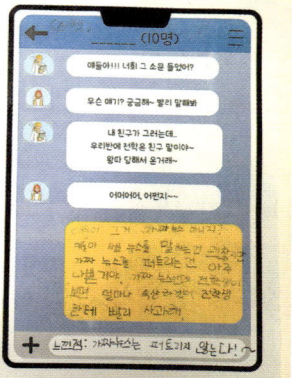

입니다. 그것이 가짜 뉴스의 시작이라는 것을 모르면 동물들처럼 같은 잘못을 반복하게 될 것입니다. 이 활동을 통해 가짜 뉴스의 폐해를 인식하고, 가짜 뉴스에 올바르게 대처하는 방법을 배울 수 있습니다.

① 교사는 SNS 대화 형태의 활동지를 제시하며, 교실에서 일어날 수 있는 상황을 설정합니다. 예를 들어, 전학 온 학생이 '왕따'였다는 근거 없는 소문을 제시합니다.
② 학생들은 교실에서 어떤 문제가 발생했고, 자신은 어떻게 대처할 것인지 대화체로 정리하여 노란색 칸에 적습니다. 그런 다음, 자신이 적은 내용을 발표합니다. 학생들 간에 다양한 의견이 나올 수 있으며, 같은 의견이라도 그 이유가 달라 다양한 접근이 가능합니다.

💊 수업 Tip

활동지를 제작할 때, 교사가 상황 예시를 제시하고 학생들이 그에 대한 자기 생각을 적도록 할 수 있습니다. 그러나 학생들이 다른 상황에 대해 이야기하고 싶다면, 상황 제시부터 해결책까지 학생들이 직접 작성할 수도 있습니다.

스마트폰 중독 예방
우리 삶에서 가장 중요한 것은?

과거에는 휴대 전화를 단순히 서로의 안부를 묻고 소통하는 도구로 사용했으나, 이제는 정보 검색, 메일 작성, 길 찾기, 사진 및 동영상 촬영, 자료 공유 등 다양한 용도로 활용하고 있습니다. 이처럼 생활 속에서 큰 편리함을 제공하다 보니 이제 스마트폰 없는 삶은 상상할 수 없는 상태가 되었습니다. 특히, 각종 애플리케이션은 생활의 편리함을 높일 뿐만 아니라 증강 현실 같은 새로운 경험도 제공합니다. 그러나 스마트폰의 과도한 사용은 다양한 문제를 초래할 수 있습니다. 예를 들어 거북목 같은 체형 불균형이 발생할 수 있으며, 사이버 세계에 갇혀 현실 감각을 잃고 불안, 초조, 우울감 등의 정신적 증상을 겪을 수도 있습니다. 스마트폰을 사용하며 도로나 교차로를 무심코 지나가다가 사고를 당하는 위험도 있습니다. 이러한 현상은 '스몸비(스마트폰 좀비)'라고 불리며, 실제로 등교 중 건널목에서 스마트폰을 사용하다가 자전거와 부딪힐 뻔한 아찔한 사고가 발생하기도 합니다. 특히 가정에서 충분한 돌봄을 받지 못하는 학생들은 밤새 스마트폰 게임을 하다가 밤낮이 바뀌어 학교생활에 어려움을 겪는 경우가 많습니다. 스마트폰과 인터넷 과의존 문제로 인해 일상에서 어려움을 겪는 학생들이 꾸준히 발생하며, 이제 개인을 넘어 사회적인 문제로 확산되고 있습니다. 따라서 올바른 스마트폰 사용과 관련된 사이버 과의존 예방 교육이 절실히 필요합니다.

추천 대상	초등학교 1~6학년
수업 주제	건강한 환경 및 미디어 안전 - 스마트폰 중독 예방
학습 목표	스마트폰 중독의 위험성을 알며, 올바른 스마트폰 사용법을 계획하고 실천할 수 있다
활동	1) 스마트폰 때문에 오늘 놓친 것은 무엇일까요? 2) 안티스크린 특공대에 의뢰하기 3) 스마트폰 사용 설명서 만들기

 함께 읽은 책

『스마트폰에 빠질 때 놓치는 것』

레니아 마조르 글, 플로랑 베귀 그림, 이보미 옮김, 아름다운 사람들, 2024

이 그림책은 태블릿 PC, 스마트폰, 텔레비전, 컴퓨터와 같은 디지털 기기에 과의존하는 오빠 에밀을 구하기 위해 동생 이네스가 안티스크린 특공대에 도움을 요청하면서 시작됩니다. 방문 앞에 '방해 금지'라는 팻말을 붙이고 안에서 컴퓨터 게임만 하거나, 밥을 먹을 때도 스마트폰만 들여다보는 에밀의 모습은 요즘 우리 학생들의 모습과 닮아 있습니다. 여기 등장하는 안티스크린 특공대는 디지털 기기에 과의존하는 에밀을 구출하기 위해 7가지 기발한 작전을 펼칩니다. 에밀은 이네스를 통해 하루를 되돌아보며, 스마트폰 중독이 일상생활 속 소중한 것들을 놓치게 만들 수 있다는 점을 깨닫게 됩니다. 이 그림책을 통해 학생들은 자신뿐만 아니라 주변의 소중한 사람들을 위한 스마트폰 중독 해결법을 고민하게 되고, 이를 생활 속에서 실천할 수 있도록 도울 것입니다.

활동 1. 스마트폰 때문에 오늘 놓친 것은 무엇일까요?

그림책을 읽고, 학생들에게 어제 하루 동안 자신이 스마트폰을 사용한 시간을 되돌아보게 합니다. 그림책 후반부에서 안티스크린 특공대는 마지막 작전까지 실패하자, 미안하다는 내용의 영상을 동생 이네스에게 보냅니다. 이네스는 편지와 함께 이 영상을 오빠에게 전달합니다. 영상을 천천히 들여다보며 생각에 잠긴 에밀은 자신의 잘못을 깨닫고, 그날 처음으로 동생과 마주하며 환하게 웃습니다. 해당 장면을 염두에 둔 이 활동을 통해 학생들은 일상생활의 소중함을 확인하고, 스마트폰 과의존의 위험성을 신체적, 심리적 측면에서 깊이 생각해 볼 수 있게 될 것입니다.

① "스마트폰 과다 사용으로 인해 등굣길, 학교, 학원, 가정에서 내가 놓치고 있는 것은 무엇일까?"라는 질문을 통해 학생들 스스로 스마트폰 중독의 문제점을 인식합니다.
② 컴퓨터와 스마트폰에 푹 빠져 있는 에밀의 모습을 통해 학생들과 함께 스마트폰 과의존의 원인에 대해 이야기합니다.
③ 스마트폰 중독이 초래할 수 있는 부작용을 생각해 봅니다. 그림책에 소개된 사

례를 통해 가족과의 소통 부족, 친구들과의 상호 작용 어려움, 생명에 대한 위협 등 다양한 문제를 표현할 수 있도록 교사는 시간 순서별로 다양한 장소와 상황을 예로 들어 이야기를 나누도록 격려합니다.

💬 수업 Tip

- 『학교 안전교육 7대 표준안』 「약물 및 사이버 중독 예방 초등 자료집」(142쪽)에 나와 있는 '스마트폰 과의존 자가 진단 활동지'를 활용하여 자신의 점수를 계산하면, 스마트폰 과의존의 어느 유형에 해당하는지 쉽게 알 수 있습니다.
- 교육부, EBS에서 제작한 〈우리는 왜 "좋아요"에 열광할까?〉 동영상을 이용해 학생들이 SNS를 사용하는 이유에 대해 자유롭게 이야기해 보는 활동도 할 수 있습니다.

EBS 〈우리는 왜 "좋아요"에 열광할까?〉

활동 2. 안티스크린 특공대에 의뢰하기

[활동 1]에서 스마트폰 과다 사용과 관련된 자신의 문제를 객관화했다면, 이번에는 도움이 필요한 주변 사람을 탐색해 봅니다. 이번 활동을 통해 학생들은 스마트폰 중독 문제가 우리 주변에 얼마나 많이 존재하는지 경각심을 갖도록 합니다. 또한, 그들에게 어떻게 도움을 줄 수 있을지 구체적으로 생각해 보는 시간을 제공합니다.

① 안티스크린 특공대에 의뢰하고 싶은 사람을 생각해 보고, 그 이유를 적어 봅니다.
② 이 과정에서 학생들이 스마트폰 과다 사용으로 인한 사고를 직접 겪었거나, 목

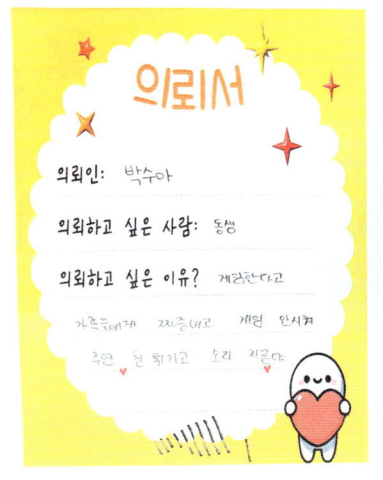 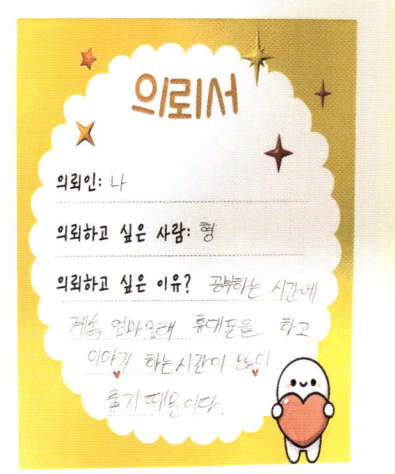

격했거나, 들은 이야기를 자유롭게 나눌 수 있도록 합니다.

> 🔵 **수업 Tip**
>
> 스마트폰 중독과 관련된 사고 사례를 예시로 제시할 때는, 자극적인 동영상이나 다른 사람을 비난할 여지가 있는 기사 자료는 제한해야 합니다.

활동 3. 스마트폰 사용 설명서 만들기

학생들이 올바른 스마트폰 사용 방법을 스스로 계획하고 실천할 수 있도록 돕는 활동입니다. 이를 통해 학생들이 스마트폰 사용을 스스로 조절하는 능력을 기를 수 있습니다.

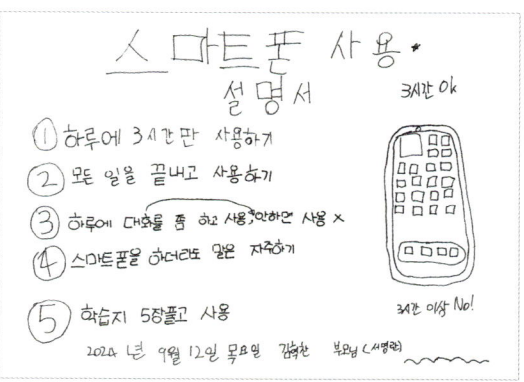

① 교사는 스마트폰 중독을 예방할 수 있는 일반적인 방법을 간략하게 안내합니다. 예를 들어, 스마트폰 사용 시간과 장소를 미리 정하거나, 스마트폰보다 더 재미있고 유익한 활동을 찾는 방법 등이 있습니다.

② 학생들은 8절 도화지 크기의 종이에 자신만의 스마트폰 사용 설명서를 작성합니다. 하루 사용 시간, 사용하지 않을 시간대, 자신만의 규칙과 조절 방법 등을 자유롭게 작성하도록 하며, 가능하다면 한 달에 한 번 스마트폰 없이 지내는 날도 정해 보도록 권장합니다.

③ 설명서 작성이 완료되면 날짜와 이름을 적고, 부모님 서명란을 추가합니다. 부모님 서명을 받는 이유는 학생들이 스스로 세운 규칙에 대한 책임감을 갖도록 하기 위함입니다.

🔵 수업 Tip

'한국지능정보사회진흥원 스마트쉼센터' 유튜브 채널에서 학교별로 다양한 '올바른 스마트폰 사용 습관' 교육 동영상을 참고할 수 있습니다.

스마트쉼센터

게임 중독 예방
게임 중독이 되지 않으려면?

'게임 중독'의 사전적 의미는 '정상적인 생활에 지장을 받을 정도로 게임에 몰두하는 상태'입니다. 게임 자체가 나쁜 것은 아니지만, 지나치게 몰입하여 일상생활에 지장을 주는 것이 문제입니다. 요즘은 스마트폰과 PC 등 전자 기기가 생활필수품으로 자리 잡으면서, 어렸을 때부터 자연스럽게 다양한 게임에 노출되고 있습니다. 자극적인 게임 환경과 점점 더 몰입하게 만드는 게임들이 업그레이드되면서, 학생들은 더욱 재미있는 자극에 빠져들게 됩니다. 게임에 과몰입하게 되면, 중독이 진행되고 있다는 사실조차 인식하지 못할 수 있습니다. 게임 중독은 자신의 건강을 해칠 뿐만 아니라, 가족과의 시간, 친구와의 시간, 그리고 정상적인 사회 생활에도 심각한 지장을 초래합니다. 실제 보건실에 두통을 호소하는 학생들이 자주 찾아오는데, 그들 중 다수는 밤늦게까지 게임을 하느라 수면이 부족한 상태였습니다. 또한, 보건실에서 쉬는 동안에도 침대에 누워 스마트폰으로 게임을 하다가 교육 받은 사례도 있습니다. 따라서 건강한 게임 시간을 스스로 설정하고 규칙을 함께 정하여 이를 지키는 방법을 잘 안내해야 합니다.

추천 대상	초등학교 1~6학년
수업 주제	건강한 환경 및 미디어 안전 - 게임 중독 예방
학습 목표	게임 중독의 증상을 이해하고, 게임 중독의 예방 및 대처법을 제시할 수 있다
활동	1) 나는 게임 중독일까, 아닐까? 2) 게임 중독 괴물 페이스맵 3) 게임 중독 예방 입볼링 게임하기

 함께 읽은 책

『으랏차차 게임 중독 물리치기!』

김은중 글, 플러그 그림, 아르볼, 2015

『으랏차차 게임 중독 물리치기!』는 주인공 마봉구를 통해 게임 중독의 과정, 증상, 예방 및 대처법을 전반적으로 잘 설명하는 책입니다. 주인공 마봉구는 게임 중독 증상으로 인해 점점 학교 수업에 소홀해지고 친구들과의 관계도 나빠집니다. 이를 지켜본 학교 사서 선생님은 마봉구가 게임 중독인 것 같다고 알려 주며, 함께 게임 중독 괴물을 무찌르자고 제안합니다. 혼자서는 힘든 중독 극복을 위해 사서 선생님, 가족, 친구들과 함께 힘을 모으는 주인공의 모습이 대견하게 느껴집니다. 이를 통해 학생들은 자기 주변에 사서 선생님처럼 도움을 받을 수 있는 사람들이 학교에 많다는 것을 알게 될 것입니다. 그리고 주인공처럼 학생들은 건강한 게임 이용 습관을 형성하고, 게임 중독의 위험성을 인식하게 될 것입니다.

활동 1. 나는 게임 중독일까, 아닐까?

이 활동은 그림책 뒷면에 있는, 게임 중독 치료 센터에서 제공하는 게임 중독 자가 진단표를 활용하여, 내가 게임 중독인지 아닌지를 확인하는 과정입니다. 이번 활동을 통해 자신이 게임 중독인지 아닌지 점검해 볼 수 있고, 게임 중독의 의미와 과정을 자세히 알 수 있습니다.

① 교사는 학생들에게 자가 진단표를 A4 종이에 인원수만큼 복사하여 제공합니다.
② 교사와 함께 진단 항목을 읽으면서 각자가 해당하는 항목으로 화살표를 따라 이동합니다. 진단 항목의 내용이 어렵다면 교사가 말로 쉽게 설명해 줍니다.
③ 결과표는 '위험', '조심', '안전'으로 나뉘게 되는데, 이때 중요한 점은 "너는 게임 중독이야!" 또는 "너는 게임 중독자야!"라고 친구를 놀리는 행동은 삼가야 한다는 점입니다. 자가 진단을 하기 전에 이 점을 미리 안내합니다.
④ 만약 결과가 '위험'으로 나온 경우, 부모님께 안내하는 것이 필요합니다.

활동 2. 게임 중독 괴물 페이스맵

이 활동은 역사 수업에서 주로 사용하던 방식에 착안한 것으로, 학생들과 함께 게임 중독의 증상에 대해 알아보는 데 활용할 수 있습니다. 이 활동을 통해 학생들은 게임 중독 시 나타나는 증상과 문제점에 대해 스스로 심각성을 깨닫고, 게임 중독으로 인한 증상이 단일하지 않다는 점을 알 수 있습니다.

① 활동지의 중심에 그려진 게임 중독 괴물의 얼굴은 머리, 눈, 귀, 입으로 나뉘어 있습니다.
② 머리 부분에는 '무슨 생각을 할까요?'라는 질문을 통해 게임을 할 때 주로 나타나는 머리의 신체적인 증상과, 게임을 하고 싶은데 할 수 없는 상황에서의 반응을 자세히 적도록 합니다.
③ 눈 부분은 '무엇을 볼까요?'와 '눈은 어떻게 변해 있을까요?'라는 질문을 통해 게임에 집중할 때 나타나는 눈의 신체적 증상과 게임에 몰두하다 보면 시야가 좁아져서 위험한 상황에 부딪힐 수 있음을 작성합니다.
④ 귀 부분에서는 '무슨 소리를 들을까요?'라는 질문을 통해 게임에만 빠져 있으면 가족, 선생님, 친구들한테서 들을 수 있는 이야기들을 적어 봅니다.
⑤ 입 부분은 '무슨 말을 할까요?'라는 질문을 통해 게임에 몰두할 때 나오는 짜증 섞인 말투나 비속어 등을 예로 들어 설명합니다.
⑥ 기타 부분에서는 '그 외 나타날 수 있는 증상들을 적어 볼까요?'라는 질문을 통해 현재 자신이 게임을 할 때 겪는 증상을 적어 보도록 합니다. 게임을 거의 하지 않는 학생들은 가족이나 친구의 게임하는 모습을 떠올리면서 작성합니다.

💡 수업 Tip

이 외에 '바디맵body map' 활동을 통해 게임 중독 증상과 문제점을 추가적으로 알아볼 수 있습니다. 바디맵이란 얼굴과 몸을 전체 다 그린 뒤, 부위별로 질문을 만들어서 답변을 주고받는 활동입니다.

활동 3. 게임 중독 예방 입볼링 게임하기

실체화된 게임 중독을 볼링핀처럼 쓰러뜨리면서 게임 중독에 대한 예방 의지를 북돋는 활동입니다. 이 활동을 통해 학생들은 게임 중독에서 벗어날 수 있는 다양한 예방법과 대처법을 재미있게 배우고, 실천 의지를 다지는 기회를 가질 수 있습니다.

① 교사는 먼저 게임 중독 괴물 무찌르기 깃발 활동지와 테이프, 가위, 빈 페트병을 준비합니다.
② 각 모둠은 4개의 예방 및 대처 방법을 작성합니다. 학생들은 게임 중독 괴물에게서 나타났던 증상들을 떠올리고, 게임 중독을 피하기 위한 다양한 방법들을 모둠원과 함께 토의하여 활동지에 기록합니다. 만약 학생들이 예방 및 대처 방법 작성에 어려움을 겪는다면, 교사가 책을 다시 펼쳐 읽어 주거나 설명을 덧붙입니다.
③ 예방 및 대처 방법이 적힌 게임 중독 괴물 깃발을 각 모둠에 나눠준 4개의 빈 페트병 표면에 테이프로 붙입니다. 완성된 페트병을 가지고 모둠별로 게임 순서를 정하여 입볼링 게임을 진행합니다.
④ 교실 중앙에 책상 두 개를 붙인 후, 페트병 4개를 책상 위에 놓고 책상 앞에서 약 30cm의 거리를 두고 섭니다.

   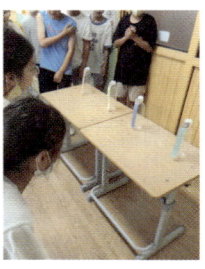

1) 게임 중독 예방 및 대처법 토의
2) 게임 중독 예방 및 대처법 깃발 만들기
3) 발표 및 공유
4) 예방법 페트병으로 입볼링 게임 진행

⑤ 모둠 안에서 순서대로 한 명씩 나와 "게임 중독 괴물 물렀거라!"라고 외치며 입으로 불어서 페트병을 쓰러뜨립니다.

⑥ 쓰러진 페트병을 보며 "나는 게임 중독 괴물을 물리칠 수 있다!"라고 외치면, 모둠의 다음 순서 학생이 활동을 이어 갑니다. 학생들 모두가 페트병을 쓰러뜨리면 활동이 마무리됩니다.

닫는 글

    초등학교에는 알레르기 비염, 아토피, 천식, 당뇨 등 다양한 질병을 가진 학생들이 있습니다. 이런 질병은 감기처럼 단기간에 나아지는 것이 아니라서 꾸준한 관리가 필요합니다. 이를 위해 부모님이나 선생님의 도움도 중요하지만, 학생 스스로 자신의 건강을 지킬 수 있는 힘을 기르는 것이 더 중요합니다. 따라서 초등학교 시절부터 보건 교육이 필요합니다. 또한, 질병이 없는 학생들도 보건 수업을 통해 건강에 관한 기본적인 지식을 습득하면 아픈 친구를 돕고 서로를 이해하며 함께 살아갈 수 있을 것입니다.

    보건 교사가 되면 학부에서 배운 간호학 지식을 기반으로 다양한 학습 방법을 활용하여 수업을 준비하게 됩니다. 이 과정에서 '수업이란 무엇일까?', '어떻게 하면 효과적인 학습을 이끌어 낼 수 있을까?'라는 고민이 시작됩니다. 보건 교사들은 간호학의 전문성을 충분히 반영하면서도, 단순히 지식을 전달하는 데 그치지 않고 학생들과 적극적으로 소통할 수 있는 수업을 만들기 위해 끊임없이 연구하고 노력합니다.

    그러던 중, 보건 수업에 그림책을 접목해 보니 학생들의 눈빛은 호기심으로 가득해졌고, 새로운 세계를 만난 듯한 기분이 들었습니다. 이러한 경험을 다른 선생님들도 함께 느껴 보셨으면 하는 마음입니다. 그림책 수업을 준비하면서 어려웠던 점은 '이렇게 많은 그림책 중에서 어떤 책을 골라야 할까?' 하는 것이었습니다. 그래서 언젠가부터 도서관에 앉아 그림책을 잔뜩 쌓아 놓고 읽으며 책을 고르는 일이 일상이 되었습니다. 혼자 책을 고르기 힘들 때는 다른 선생님들께 도움을 요청해 함께 고민하기도 했습니다. 그렇게 초등학생 보건 교육을 위한 39권의 그림책을 선별하게 되었습니다.

그림책 보건 수업을 준비하시는 선생님이라면 『한 권으로 끝내는 그림책 보건 수업』을 통해 새로운 시각으로 수업을 연구할 수 있습니다. 이 책에는 다양한 수업 방법이 담겨 있습니다. 수업 자료로 동영상을 보여 주는 대신 그림책을 함께 읽으며 배울 내용을 기대하게 하고, 한 주제당 3가지의 학생 활동 중심 수업으로 모두가 즐겁고 알찬 수업이 될 것입니다. 학생 활동은 게임, 에듀테크, 토론, 만들기 등 다양하게 구성되어 있어 변화하는 시대에 발맞춰 여러 가지 수업 방법을 충분히 경험할 수 있습니다. 이 책을 통해 학생들과 즐거운 호흡을 맞춰 가길 기대합니다.

아울러 보건 관련 주제로 수업을 준비하는 많은 선생님에게 이 책이 보건 교육의 새로운 길잡이가 되기를 바랍니다. 학생들이 건강한 생활 습관을 기르고, 서로를 이해하며 존중하는 태도를 배우는 계기가 되었으면 좋겠습니다. 나아가, 학부모님과 선생님들이 함께 소통하고 협력하여 아이들의 건강을 지키는 데 기여할 수 있기를 희망합니다.

마지막으로, 원고 하나하나에 정성껏 피드백을 주신 김나영 선생님과 뜨거운 2024년 여름을 함께 보낸 저자 보건 선생님들께 감사의 말씀을 드립니다. 고맙습니다.